三星堆的故事
——古蜀文明探秘之旅

刘兴诗 ◎ 著

四川辞书出版社

图书在版编目（CIP）数据

三星堆的故事：古蜀文明探秘之旅 / 刘兴诗著. — 成都：四川辞书出版社，2021.6（2024.5重印）
ISBN 978-7-5579-0824-9

Ⅰ.①三… Ⅱ.①刘… Ⅲ.①三星堆文化—研究 Ⅳ.①K872.710.4

中国版本图书馆CIP数据核字（2021）第088152号

三星堆的故事：古蜀文明探秘之旅
SANXINGDUI DE GUSHI GUSHU WENMING TANMI ZHILÜ

刘兴诗 著

图片提供	四川广汉三星堆博物馆
	成都博物院金沙遗址博物馆
策划组稿	王祝英
责任编辑	王祝英　胡彦双
封面设计	墨创文化
责任印制	肖　鹏
出版发行	四川辞书出版社
地　　址	成都市锦江区三色路238号
邮政编码	610023
印　　刷	成都国图广告印务有限公司
开　　本	880 mm×1230 mm　1/32
版　　次	2021年6月第1版
印　　次	2024年5月第10次印刷
印　　张	8
书　　号	ISBN 978-7-5579-0824-9
定　　价	39.80元

·版权所有，翻印必究。
·本书如有印装质量问题，请寄回出版社调换。
·制作部电话：(028) 86361826

目　录

写在前面的外行话——代序 / 001

序　幕 / 011
　　三星伴月的地方 / 012
　　一锄头挖出"金娃娃" / 014

前奏——空间和时间大坐标 / 018
　　研究古蜀文明史的空间大坐标 / 023
　　研究古蜀文明史的时间大坐标 / 037

古蜀文明第一乐章——蚕丛梦幻曲 / 043
　　蚕丛是谁？ / 044
　　古蜀族的来历 / 046
　　蚕丛时代的生活 / 048
　　蚕丛与龙门山地震 / 057
　　蚕丛"纵目"猜想 / 063

古蜀文明第二乐章——柏灌畅想曲 / 071
　　飞鸟时代，"暗星"柏灌 / 072
　　艰巨的"气候移民史" / 075

001

出山的路线　/ 081

龙门山，一堵漏风墙　/ 084

柏灌翻山的起点和终点　/ 091

三星堆铜、金、玉来源大辩论　/ 095

两条出山路线带来的南北差异　/ 110

寻找青铜器工场　/ 114

古蜀文明第三乐章——三星堆交响曲　/ 118

鱼凫走上舞台　/ 119

成都平原古城群之谜　/ 123

戴枷锁的太阳　/ 132

贴金的面具　/ 144

梳辫子的三星堆男子汉　/ 147

超短裙和文身　/ 149

三千年前的火锅　/ 151

我想飞　/ 153

叮当响的铜铃　/ 155

雕塑出来的"思想"　/ 158

形象化的"大力气"　/ 161

三星堆古动物园　/ 164

神秘的象影　/168
　　青铜神树猜想　/172
　　海贝和铜贝　/175
　　三星堆"古文字"之谜　/177
　　化干戈为玉帛的理想境界　/180

古蜀文明第四乐章——杜宇悲怆曲　/183
　　杜宇的来历　/184
　　揭开望丛"禅让"的面纱　/187

古蜀文明第五乐章——金沙奏鸣曲　/190
　　二十多年前的一个预想　/191
　　金沙遗址横空出世　/193
　　开明"王朝"建城选址原则　/195
　　金沙遗址的"水"和"土"　/197
　　青羊宫北宋水磨之谜　/199
　　金沙太阳轮　/202
　　金沙遗址的"木"　/210
　　金沙遗址的"生灵"　/213
　　金沙遗址的"人"　/216

金沙有一个"双子城" /220
金沙古城的最后篇章 /222

尾声：China 寻根 /230
形形色色的"China"观 /232
日本人口中的"支那" /235
China 一词的由来和探讨 /239
"丝国"赛里斯 /241
China，Cina，Serice 的音变 /243
赛里斯之路 /245
China ＝"丝国"＝三星堆+金沙 /247

写在前面的外行话——代序

写这本书，有些不胜惶恐，好像应聘人怀里揣着街边买来的一张假文凭，面对着人事科长冷冰冰的目光。也不胜激动，颇有运动员（中国男足除外）有幸登上奥运会领奖台的感觉。

为什么惶恐？

因为在下毕竟不是考古专业的科班出身，说得直白些，纯粹外行一个。面对深奥的考古科学，所知并不多。正如在下一个好友，一位当代四川考古学界的泰斗，手指在下的鼻子，大喝一声道："你娃不懂！"

听了这话，在下也不知哪来的一股勇气，简直像是吃了豹子胆，也半开玩笑回敬说："你娃也不懂！"他听了一怔，随后大家哈哈一笑。差距，尽管有差距；朋友，照旧是朋友。友谊地久天长，不是什么力量都可以损伤的。

为什么我敢这样说？难道真的不知天高地厚，脑袋进水发疯了？

不用说，这是开玩笑，不能当真的。可是从某种意义而言，似乎也可以算是有恃无恐。

我是北京大学地质地理系自然地理专业出身，学科体系属于理科，距离文科范畴的考古学，似乎相距十万八千里。有什么把握，胆敢向考古界的内行叫板？如果要较真，依仗的就是自己的专业本事。搞科学研究避人锋芒，不从正面交锋，而以己之长，攻彼之

短,又有什么不可以?翻一翻《孙子兵法》,就是这样说的。休道黑旋风李逵势不可当,来、来、来,浪里白条张顺邀请你下浔阳江玩一下水。

话说到这里,需要说几句有关学科发展的题外话,来作为开场白吧。

一、科学研究不能关门

科学研究不能关门,科学发展必须开放。

道理非常简单。因为任何一门学科都涉及许多领域,和其他学科之间存在着千丝万缕的联系。只有在别的兄弟学科协助下,才能共同努力开拓更加广阔的视野,使研究更加深入,顺利进入更高的层次。无视相关学科的联系,只顾自己走独木桥,势必影响本身研究的进一步深入。

试看埃及研究金字塔,并不设置任何限制,干脆称为"金字塔学",各种五花八门的学科都可以自由介入。笔者就曾经在许多场合大声疾呼,建立我们自己的"三星堆学""金沙学"。抛弃传统的门户之见,彻底敞开大门,诚心诚意欢迎不同学科的专家共同研究。

我这样说,是有事实根据的。一些相关学科对古蜀文明的研究成果,的确曾被一些自视正统的学者不屑一顾。

是的,如果完全没有任何科学根据,不是通过严格的科学研究方法,仔细反复论证,自我怀疑检验;而是抱着急于求成的态度,仅仅凭着脑瓜灵机一动冒出的什么奇思妙想,抓住一点就无限扩大,只择取对我有利的材料,拒绝不利材料,迫不及待地通过新闻媒体或者在网上宣布有什么震惊世界的伟大发现,生怕别人不知道,害怕有人抢了头功,这种做法,的确不值一哂。让这些幻想家去自我陶醉吧,不必耗费精神和他们纠缠。君不见,如今这样的人、这样的事的确存在。

有人曾突发奇想,认为自己的家乡四川盐亭一带,曾经坐落于

"四川盆塞海"之上,那里的一个个孤立的丘陵都是"群岛",并进一步发展为"远古联合国"的"高度文明",并说那里和非洲都是古人类诞生的源地。这就是一个很典型的例子。贸然宣布这样的"伟大发现",且不准别人议论半句,叫人怎么信服?当然啰,这样的玩意儿另当别论。只要不当真,茶余酒后说说也无伤大雅。别人要说,就让他去说吧。

话说回来,针对现在我们要谈的古蜀文明而言,如果不是信口开河,而是从严谨的科学态度出发,以相关的科学知识介入,就是另外一回事了,不能统统都一棍子打死。常言道,兼听则明。百家争鸣得有雅量,对不对?

须知,当今已是科学飞跃发展的21世纪,不再是几百年前夫子们论经说道,一切以一本经书为准的时代。不同学科协作研究探讨,已经成为一股潮流。古蜀文明研究是否应该认真考虑,在传统的金石学和文献学的基础上,真诚地请进来、派出去,多方面地引进其他学科的支援?

出于这个原因,笔者曾经在《成都商报》的支持下,根据三星堆鸟类图谱,事先请教了一位因病不能同行的鸟类学家,组织了几位青铜冶炼学、金属切削学、建筑学和医学的专家,打着"多学科研究三星堆"的旗号,前往三星堆考察,得出一些与众不同的结论。力图以此打破僵局,开展轰轰烈烈的多学科研究活动。可惜由于种种原因活动无疾而终,并没有引起有关方面注意。

跨学科研究是当前一个潮流,愿有关方面能够真正重视。我这个人老是不安本分,就是有点"乱来"。常常不按照旧小说的描写或者京剧开锣后的规矩,摆出堂堂之阵,双方架住刀枪,通名报姓后,兵对兵、将对将地正面厮杀。而是野里野气,喜欢像魏延献计一样出奇兵,把一门学科输入另一门学科,看看能不能得到一些意想不到的收获。这样做虽然碰过钉子,但也尝过一些甜头。

请让我说一说,尝过一些什么甜头吧。

我国新疆和哈萨克斯坦境内的西天山,有一片野生苹果林。过去中国、苏联园艺学界一直未能解决其来历问题,不过,一般认为在全球性的第四纪冰期时代,这里有可能是一个物种的避难所。

我的两个好友,新疆农业大学钟骏平教授、伊犁园艺研究所林培钧所长,召唤我去试一试。我除了吃苹果,分得清红苹果、青苹果,哪里懂得这门学问,怎么能接受这样的挑战?可是碍于朋友的情面,不得不硬着头皮打鸭子上架。心想,此事绝对不能从自己根本就不懂的什么果树基因学、遗传学等方面入手,必须另辟途径方能奏效。左看右看,看出一个症结所在。过去长期未能解决这个问题,就是因为专家们太专了,思路过于狭窄,没有拓宽视野。我何不反其道而行之,绕过果树本身,来一个大包围?反正自己是外行,错了也没有关系,有什么好怕的?想不到思路一放开,运用自己熟悉的古气候学和古环境学等方法介入,居然一下子把问题破解了。这里并不是避难所,而是第四纪冰川活动的一个中心,野生苹果其实是在冰川消退了之后,从中亚平原迁移过来的。

这是一个国家自然基金的重点项目。我面对的只是其中一个部分,却也是很重要的子课题。论文发表后,获了奖,把老林喜欢得不行,立刻聘我为果树古生态学研究员。

故事到此还没有结束,哈萨克斯坦农科院闻讯又专门把我请去。他们的一个果树研究所所长,是该国总理的"毛根朋友"(四川方言,从小长大的朋友),亲自到边境迎接,海关关长又代为填单并宴请,来回一切免检,好像是VIP式过海关。我研究了一下该国境内西天山同样的问题,如同旧小说里火头军薛仁贵三箭定天山一样,我这个火头军也扬眉吐气,一箭定了中亚的西天山。我有自知之明,知道果树古生态学研究员这个职称是侥幸"蒙"来的,并不是我有什么了不起的能耐,还得处处夹着尾巴做人。不过说起来,这就是多学科研究的好处。

呵呵,说白了,我有什么能耐,不过是像脑筋急转弯,你没有想到,我侥幸先想到了而已,一点也不值得吹牛。为什么在这里提起?就是以此为例,说明科学研究不能走独木桥,试一试多学科配合也许更加有效。

再说一个例子。我这个地质汉子，居然和史前考古学沾了边，也得到一个研究员的称号。

那是发现北京猿人的著名古人类学家裴文中先生在世时，布置给首都自然博物馆馆长周国兴的一个任务，深入研究柳州白莲洞遗址，这也是一个国家自然基金的重点项目。老周负责古人类研究，约了童恩正负责文物研究，我负责洞穴地层研究，我们仨号称"白莲洞三剑客"。裴先生去世后，贾兰坡先生继续领衔。经过多年工作，我们取得了海内外学界公认的成就。

1994年课题结束，在柳州召开了一次国际学术会议。在下有幸成为包括贾兰坡、考古研究所前所长安志敏两位院士，以及北京大学考古专业主任吕遵谔、周国兴在内的中方五人小组成员之一。协助周国兴主持会议，负责现场考察讲解。那一次建立了一个考古文博单位，贾兰坡担任名誉馆长，周国兴担任馆长。因为在下从第四纪地质学切入白莲洞和其他遗址的研究得到肯定，就在会议上颁奖并授予我一个研究员的名分，算是和考古学沾了一点边。这也是把一门学科运用于另一门学科的收获。

我的确不懂金石学的精髓，甚至连懂皮毛也说不上，不能就具体的文物标本鉴定多说一句话，对古典文献相对也不够熟悉，不能与真正的考古学家们相比，真的是"我娃不懂"。但是在下的专业研究方向是第四纪地质学。从上述例子看，也和史前考古多少沾一点边。

什么是第四纪？大致说来，就是人类发生、发展的最新地质时代。种种人类文明统统发展其间，岂有和考古学没有半点关系之理？

在第四纪地质学中，在下平生研究的内容，就主要包括古气候、古地理环境等。我的一个最主要的科研基地就在四川盆地及其邻侧地区，古蜀文明就诞生在此时此地。从这个角度介入史前考古研究，要说是"外行"，也真有些"外行"；要说是"内行"，就毫

不客气地可以算是其中一个方面的"内行"了。加以地质学和其他杂七杂八学科方面的浅薄基础,所以我才有底气叫板,向那位老友半开玩笑、半认真,放肆地回敬一句"你娃也不懂"了。

说到这里,我十分怀念已故的四川考古学界前辈冯汉骥先生。早在20世纪60年代伊始,他就不耻下问,一再召唤不才,共同研讨一些问题。甚至在当年率领全体弟子,嘱我带路到资阳人化石地点考察,向大家介绍情况。

他的高徒童恩正更是我的铁哥们儿,不仅一起写科幻小说,还总是在专业工作上并肩作战。他的许多论文常常首先给我看,叫我出主意、挑毛病。他还派了两个得意门生,如今都是四川地区考古学科的骨干人物,不辞辛苦地骑着自行车,大老远从四川大学前来我所在的成都地质学院(成都理工大学前身)进修第四纪地质学。

我和恩正最后一次到野外并肩考察,是他在去世前不久从美国回来。当时由其高徒之一,现成都博物院院长王毅陪同,一起前往研究新津宝墩古城遗址,他诚意征求我的意见。

现今的王毅院长和金沙博物馆副馆长朱章义也虚怀若谷,十分尊重其他学科的研究,保持了冯汉骥先生与童恩正以来的传统,令人十分感动。

我十分怀念冯汉骥先生和童恩正,期望有机会能够像配合他们一样,和现在的四川考古学界有更多的精诚合作。再一次充当马前卒,从不同的角度审视和研讨有关问题,扩大研究的广度和深度,开创一条新的路子。如果建立起开放的"三星堆学"和"金沙学",岂不很好吗?

二、对"一家之言"的看法

学者著书立说,自然要树立自己的"一家之言"。

不过,我常常想,科学研究的目的是什么,"一家之言"又起什么作用。

也许在下毕生从事地质学研究,花岗岩看多了,完全变成花岗岩脑袋，活脱脱"化石"一个。对于"一家之言"的问题，有些顽固得近于不开窍的想法。

科学研究的目的是什么？

不用说，是破解一个个问题，推动研究工作一步步深入发展。

在不断摸索探讨的研究工作中，自然会产生不同的想法，这就是"一家之言"了。问题在于一个个"一家之言"，只不过是在研究某个问题的过程中，一时产生的某种说法而已。一旦问题弄清楚了，就应该拨云见日，得出正确的结论。这在一些自然科学和技术科学领域里，显得特别重要。

当然啰，在一些人文科学范畴内，也不一定这样。例如一些文史哲的研究，就仁者见仁，智者见智，不能强求一致。

请让我再说一遍。"一家之言"的目的，是为了多方探讨，最终解决问题，而不是为了树立个人的权威以及其他。

作为一个自然科学工作者，我信奉一道数学题只有一个答案，绝对不会华罗庚得出一个答案，陈景润又得出一个答案。虽然有些迷茫的古史或者其他问题有多角度探讨的空间，在讨论的领域内，提出不同的"一家之言"，可以活跃思维，有助于从多方位探索问题的实质根源。但是在某些非常具体的问题上，例如我在后面将要讲到的三星堆铜、金、玉的来源，以及几千年来古气候发展阶段等问题，对就是对，错就是错，没有任何调和的余地。

由于这样的原因，我常常告诫学生和助手，在一些问题面前，只有对和错两个答案。错了，就错了，不能只顾自己说得圆就心安理得，千万不要以什么"一家之言"掩饰自己的错误。学术研究属于公众，绝非个人名利场。对于一个科学问题，只能越研究越清楚，不能把明知错误的观念也混淆其间，树立错误的"一家之言"。这样不仅对现在没有好处，也为后学者开了一个恶劣的头。一些不谨慎的后学者就会把我们的错误意见，作为"前人学说"来继承发展。这看起来热闹非凡，实际上却是越来越混乱，甚至于不可收拾了。试问，这除了能满足自己的虚荣心，对科学研究有什么好处？

话说到这里，我必须再次申明，以免造成不必要的误会。并不是所有的问题只有一个答案，在许多情况下还需要多方面探讨，不同意见也可以活跃思想。但是某些十分具体的问题，常常就只有一个明确的答案。自己如果碍于面子，不敢承认错误，洋洋得意于什么"一家之言"，那简直就是科学发展的绊脚石。

三、"三个敢于"，科学研究的基本态度

我常常对学生和助手说，科学研究和做人，都应该坚持"两个严谨""三个敢于"，就是严谨的科学态度、严谨的科学方法，敢于设想、敢于怀疑、敢于认错。

"两个严谨"说的是，研究态度必须端正。不能以出风头为目的，抓住什么点子就不放，无视已有的科学事实，千方百计维护自己，凭着一点认识就轻易下结论。研究过程必须使用科学的方法，不能以自己脑瓜里的一点主观成见，代替实验室分析以及其他科学手段，极其轻率地发表意见。

"三个敢于"说的是，可以放开思想去设想，但是不能停留在这个境界，脑瓜里冒出一个新奇念头就沾沾自喜。还必须认真怀疑自己的想法对不对，从不同角度审视甚至否定自己，进入第二个境界。一旦发现自己错了，就必须公开承认错误，不能姑息自己，这才是正确的态度，也是第三个境界。

辛辛苦苦得来的设想，萦系了自己许多美好的向往。一旦放弃，甚至公开认错是极其痛苦的，似乎没有面子。其实，面子这个问题最害人，一害科学，二害别人，三害自己。正确的态度是一旦发现错误就立刻认错，这才是最有面子。我自己常常这样做，举一个例子吧。

2008年汶川特大地震前一个多星期，一批地球物理勘探专业的1978级学生，毕业30年后回来。见到他们后，我如释重负，一个特殊的心愿可以完成了。

30年前，我曾经带领他们在银厂沟附近的小鱼洞后坝沟考察，

一个问题讲错了，给了他们错误的概念。这件事，我一直耿耿于怀。这次他们居然有大半个班回来，真是让我大喜过望。我把他们带到野外现场（想不到几天后，这里就发生大地震，我们住的旅舍和合影留念的地方，统统化为一片废墟），第一件事就是站起来，向他们认错道歉，重新作出正确解释。

在这样的场合，他们感到非常惊愕。一个现在已经成为自然资源部一个部门负责干部的女生说："那一次您的讲课，我们还记得很清楚。其实，现在您不必旧话重提，我们也不会过多思考这件事的。"

她说得对，我不说也没有关系。说出来，会破坏了他们的美好回忆，还影响了教师的威信。但是我必须这样做。我过去说错了，现在就必须当着学生认错，这才是正确的态度。教师向学生认错不丢面子，隐瞒自己的错误才是最可耻的，才最没有面子。

我在这里说这段话，就是表明态度。如果在这本小小的书中有什么错误，我一定公开承认。让我们抛弃个人的一切私心杂念，把这个课题探讨得更加清楚吧！

看来，科学研究也应该"一大二公"才好，共同为探明一个真理而奋斗，勇于探索，也勇于放弃。而不是百般维护自己的观点和地位，树立自己的威信和"一家之言"，哪怕是错误的。

我这样啰里啰唆说这一大通，哪像什么文字简洁的序言，简直就是正文了。然而我认为也许这比一段正文还重要，因为在这里强调了两个非常重要的观念。一是科学研究不能单打一，必须多学科配合；二是科学研究是严肃的，要坚持正确的科学研究态度，它绝非个人树立"一家之言"和扬名的处所。请读者多多理解和批评，谢谢！

我的这个开场白说完了。最后特别申明，我深深明白自己只有几两重，绝对不敢毫不自量地在这里冒充什么专家，也没有半点哗众取宠之意。能说几句就说几句，不能说的就闭口不言。别人说得少的地方说几句,别人说得多的地方就不说。所以这不是一部正规系统的古蜀文明史,而是从人所未见处,提出一些自己的看法。从某种角度而言,这仅仅是自己的一部读书笔记,不敢僭越风雅自诩"学说"。只是希望完成多年来的心愿,尽力推动多学科研究,抛砖引玉,盼读者诸君明察才好。有机会也期望能够让考古专家们随便看一眼,如果能屈尊提一点意见,那就不胜荣幸了。

俗话说,光脚的不怕穿鞋的。在下明摆着是外行,就不必过于畏惧高高在上的行家里手了。由于这是一种试探性的研究,我又是门外汉,肯定有许多不当之处,还望大家多多批评指正。如果我错了,决不以什么"一家之言"而逃避,一定公开承认错误,决不文过饰非。

成都理工大学"八〇翁"刘兴诗

汶川大地震后三周年

序　幕

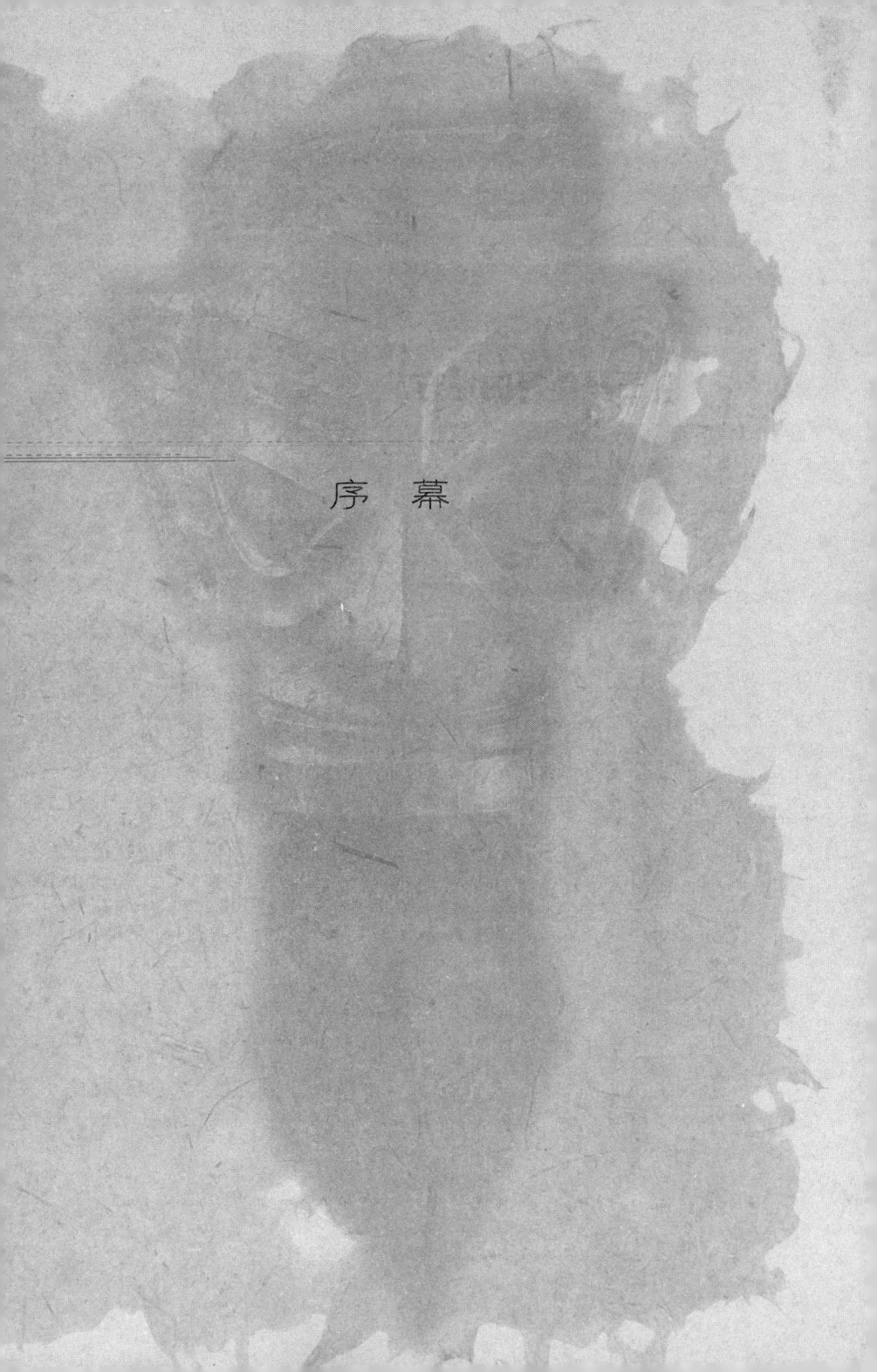

〖三星伴月的地方

——为什么叫三星堆这个名字？

一部古蜀文明史，应该从哪里说起？

不用说，应该先讲它的发现过程。如今坊间许多同类题材的书都这样写，我也不能脱俗。一个问题先讲来历，也是应该的。

古蜀文明受到世人关注，首先是因为广汉的三星堆。

广汉位于成都平原北部，古称雒县、汉州。古人说的"大旱不旱，蜀有广汉"，就是这个地方。《三国演义》里，刘备背信弃义夺取同宗兄弟刘璋的政权，刘璋手下大将张任和那些见风使舵的家伙不一样，英勇不屈，顽强抵抗，被俘后仍不肯投降狡猾的刘备。他被杀之后的安葬之地金雁桥边，也就在这里。

小说中金雁桥下的雁江，现在叫作鸭子河。瞧吧，不管春夏秋冬，这里总有成群结队的鸭子在水上嬉戏，一派恬静平和的景象，展现出真正"大旱不旱"的广汉乡野风光。"雁"和"鸭子"相似，古代乡民所说的"雁"，没准儿就是野鸭子。当然，这里也不乏南来北往路过停息的大雁，例如秋、冬来自西伯利亚最北部，北冰洋滨泰梅尔半岛的红胸黑雁，就是其中常见的一种。这里自来就是成群的水鸟逐波嬉戏的地方，古今自然环境一样吧？

012

出了广汉城，顺着鸭子河往上游走不远，就是三星堆所在的地方了。

从前，这里的田野上一字排开三个土堆，土名就叫作三星堆。这个神秘兮兮的名字，似乎透着一些怪怪的气息。人们不禁会问：它们是不是和什么捉摸不透的巫术有关？诸葛亮曾经在巴蜀境内到处聚石垒土，摆设水八阵和旱八阵练兵。这里附近的新都弥牟镇就有一个旱八阵。这三个不知来由的大土堆，是不是同样的八阵图的残余？千百年过去了，没有人给它们一个合理的说法。不知是谁编造了一个很不高明的故事，说这是天上的玉皇大帝撒了三把黄土，在这里堆起了三个大土包。这三个土堆和一道低矮的弧形台地，隔着一条小河南北相望，有人称之为"三星伴月"，算是当地的一景。

隔开"三星"和"月亮"的这条小河是马牧河，看着毫不起眼，想不到却是揭开三星堆文明消亡之谜的一把钥匙。

天地寂寂，岁月悠悠。"三星伴月"不知经历了多少时光，始终保持着谜一样的沉默。直到一天到来，一个毫不知情的老农，一锄头挖出了它的秘密。

013

一锄头挖出"金娃娃"

——一锄头挖下去,挖出了什么东西?
——三星堆大放异彩的日子。

那个石破天惊的日子,是在1929年的春天。

那个福星高照的老农,是住在当地的燕道诚。

那一天,他带着儿子和孙子,在离家不远的一条水沟边挖坑,准备安放一台水车。他们做梦也想不到,一件大事就要发生了。

他的儿子燕青保猛的一锄头挖下去,只听见"砰"的一声,碰着一个硬邦邦的东西,连忙扒开泥土看。不看不知道,一看吓一跳。不料竟是一个雪白的大石环,口径足足有一尺半。掀开它,下面露出一大堆不知名的玉器,虽然沾了许多泥浆,依旧散发出绿莹莹的亮光。燕道诚与儿子四目相望,心里都不由得浮起一个同样的念头:真是祖宗积德,老天睁眼,应了一句老话,一锄头挖出一个金娃娃了。

燕道诚毕竟老练成熟,转身探看四下无人,立刻将所有物件按照原样放好。盖上泥巴,再踩一脚,土里和心里都踏实了,才带领儿孙喜滋滋地转身回家。一家人好不容易挨到夜深人静,老少五口全部出动,把那堆天赐宝物搬回家。仔细一清点,竟有400多件。为了保守秘密,燕道诚就指挥大家把这些东西分散埋藏起来。整整挨过了4年,眼见没有风吹草动,这才带了一件玉琮去见本地驻军的长官,请求他撑腰保护。这位长官虽然是一个大老粗,也看出这是一个宝。赏了这个老农后,立刻就带玉琮到成都,请一个懂行的古董商人鉴定。

这个古董商人眼睛亮了。这是稀世珍宝呀!古董商人是猎犬,鼻子一嗅就觉察出这件玉琮背后大有文章。作为职业古董鉴定家,这方圆几百里内的古董出处,有什么他不知道。即使私家收藏也能估计个八九不离十。说来道理很简单,往昔留下的每件古董,全都定位在特定的时空坐标里。成都周围有多少远古文化聚落,历史从何时开始,有什么文化特征,文物各有什么特色,哪一个问题他不心中有数?外来的中原、巴楚、南中的文物毕竟不会太多,具有各自的特色,很容易和蜀地土产区别开。

眼下这件玉琮就不同了。这是祭神的礼器,成都周围从来也没有出现过类似的器物,它的背后必定还隐藏着更大的秘密。

往下的事情就不用多说了。嗅觉灵敏的古董商人蜂拥而来,加上当地的官员士绅,争先恐后地抢购燕道诚手里的出土宝物,取名叫作"广汉玉器"。这里一下子闹得沸沸扬扬。

1934年3月,成都的华西大学博物馆美籍教授葛维汉和林名均教授,也带领一支考古工作队急急忙忙赶到现场。在一连武装士兵的保护下,开始了正式发掘。经过十天工夫,就在计划布置的探坑里,挖出了600多件形形色色的石器、玉器和陶器残片,并认为这是"从铜石并用时代到周代初期"的文物。"三星伴月"的地方终于一鸣惊人,对历史有了一个完美的交代。

从那一天起,直到现在,70多年来考古工作者在这里坚持不懈地进行发掘。在四川省博物馆考古学家王家祐等人的努力下,不断有新的文物出土,对这个遗址的情况更加清楚了。1958年和1963年,四川省博物馆和四川大学考古教研室的一支队伍,在冯汉骥的带领下,两次到三星堆发掘,进一步划分出商代和西周早期的两个文化层。冯汉骥面对着发掘现场说:"这一带的遗址如此密集,很可

能是古代蜀国的一个中心都邑。"

后来的事实证明，他这个推断完全正确。

1980年的春天，这里的南兴镇二砖厂的工人，在三星堆坡地取土制砖，挖出了大量陶片和一些石器，受到有关部门注意，立刻报告省文管会。省文管会很快派出四川省博物馆馆长王有鹏率领的工作队开始正式发掘，找到了更多的东西。

1986年3月，在四川大学历史系林向和四川省文物考古所陈德安两位专家的带领下，开始了规模更大的发掘，发现了9座房屋遗址，101个灰坑，10万多块陶片，500多件青铜器、陶器、玉器、石器和漆器。测定出最早年代距今4800年左右。

长期的发掘，终于得到了丰盛的回报。1986年7月18日上午8点多，一个振奋人心的时刻到来了！砖厂工人杨远洪、刘光才取土的时候，突然挖出一块十分精美的玉器。考古人员接着挖了7天7夜，到了7月25日凌晨2点30分，一根金光灿烂的黄金手杖出现在人们面前。紧接着，出土了包括黄金面罩、青铜人头像、玉璋、玉戈、象牙等400多件造型各异的珍贵宝物。

数一数，这个坑里竟有13个青铜人头像，13根弯弯的象牙。这是古人专门的安排，还是无意的巧合？13在西洋不吉利，中国可不信这一套。这是储藏库，还是装满殉葬品的墓坑？

仔细看这些文物，都有焚烧过的痕迹。玉器被烧得泛白，铜器被烧得变形，还有许多被砸碎焚烧的骨渣，怎么会是储藏室和墓坑？如果不是，这是不是古人献礼祭神的祭祀坑？这个装满宝物的"宝库"，就是有名的三星堆一号祭祀坑。

不到一个月，在一号坑的东南面，相距只有20多米的地方，又挖出另一个更加精彩的二号祭祀坑。可惜的是这个坑在宋代已经被盗掘过了，谢天谢地当时挖得还不深，给我们留下了基本完整的窖藏。

一个朝下倒放的青铜兽面像，首先露出浮土。往下排列得很有规律：60根巨大的象牙纵横交错，密密实实堵满了坑口，好像是一个特意编制的象牙盖子，紧紧封住下面的坑口，叫人无法下手来揭开坑里最后的神秘面纱。

人们小心翼翼地搬开沉重的象牙，下面是装满海贝的青铜尊，装满玉器的青铜缶，造型怪诞的各式各样的青铜兽面像、青铜人头像。

再下面，又露出了奇异的青铜树、青铜太阳轮。

可惜呀，实在太可惜！这些稀世珍宝和一号祭祀坑里的器物一样，许多都被人有意地又烧又砸毁坏了。

这是为什么？

这是为什么！

是不是为的只是要破坏原形，使珍宝化为一股灵气，才能冉冉上天祭神？就好像烈火中的凤凰涅槃，只有毁灭，才有更加美好的新生？

啊，在原始时代的古人眼睛里，世间万物都是有灵魂的。

三星堆大放异彩，惊动整个世界了！

这就是三星堆遗址发现的简要过程。这一段过程不说不行，可是这在有关的书上已经说得够多了。我想说的是别的书上没有的东西，就这样简单交代几句，不必再啰唆了吧。要不，这本书还有什么特点可言？

前奏
——空间和时间大坐标

跳出发黄的古书,跳出发掘坑,
定位在广阔的时空里。

这不是静态,
而是动态的研究。

朋友们，煌煌一部古蜀文明史，应该从何说起？

先从一块最精彩的标本说吧。

先从一本最权威的古书说吧。

不，请别太性急，还是首先弄清楚它的时间和空间背景才行。譬如看京剧，不知道这场戏发生在什么朝代、什么地方、什么背景，只是忙着看热闹，看舞台上两个大花脸将军，手舞大刀和长矛杀来杀去，很可能就会搞得稀里糊涂，不知道是怎么一回事。好像老外看京剧，弄不好，还会当成是特殊的"舞蹈"呢。

且慢，咱们这儿说的是古蜀文明史，学术味儿浓浓的，经过了许多专家研究，早已写出了一篇篇论文，一本本著作。难道这个问题的时间和空间背景还不清楚吗？怎么能用外行看京剧相比，岂不有辱前贤？

是啊，我承认这话有道理。我们的专家的确把一部古蜀文明史研究得很清楚，发掘坑里的层序划分得也非常细致。不仅古蜀内部的一个个遗址对比得很清楚，甚至和遥远的中原文化，以及邻侧的巴楚文化、南中文化也对比得很仔细。怎么能说时间和空间的背景研究还有什么问题呢？

要知道，时间和空间的尺度有大有小。小尺度的历史阶段固然清楚了，大的却未必。倘若放大了尺度来看，还真的有一些值得提醒的问题呢。

请大家耐着性子，且听在下细细说来吧。

那是什么时间问题？

是比历史时代更加悠久的地质时代。

那是什么空间问题？

是超脱一个个孤立的遗址，更加广阔和丰富的大自然环境。

朋友们，这样说是不是太离谱了？

过去我们进行考古研究，似乎有两个雷打不动的习惯。

习惯于从一个遗址、一个发掘坑，甚至手握着一块具体的标本进行研究分析。这是金石学的办法。

习惯于引用前人资料，从艰深的字句里寻觅答案。这是古文献学的办法。

是呀，有的专家只习惯讲今论古，很少想到还应该联系更加复杂的自然环境，更加悠远的大自然变化史。

一句话，人类社会的历史，不过发生在大自然演化的历程和不同地域之中，绝对不能离开这样的大背景，只去关注历史本身。

这就是需要说清楚的问题所在了。

金石学和古文献学的研究固然不错，是考古中常用的正统方法，不能动摇半分。可是这是不是全部，就值得认真商量一下了。

考古、考古，就是研究古代的真相嘛。

"古代"的含义非常广阔，不仅包括人文历史，也有自然背景在内。让我们把眼界放得更加宽阔吧，让我们暂时离开具体的文物、发掘坑和古人写的古书，看得更加深远吧。看看天、看看地，哪怕溜一眼也好，就会看出更多的东西。

我想，首先应该把我们研究的对象，放进尺度更大的时间和空间坐标里，一个个定位清楚了，才能获得一个更加清晰、更加完善的宏观概念。

朋友们，让我们跳出深井一样的发掘坑，跳出发黄的书卷。别仅仅低头把玩一块块文物标本，不要把目光只停留在古书的字里行间，去琢磨古人的意思。我们不能生活在自我闭塞的狭小空间里，应该抬起头来，先把目光转向更加广阔的领域，放眼看清楚宏观的形势再说吧。

仅重微观，忽视宏观，有一脑袋钻进牛角尖的危险。

只顾宏观夸夸其谈，不重微观扎实功夫，也有当空头学问家的可能。

宏观视野加微观功夫，佐以其他学科不同角度的观察，这才是成功之道。

就研究古蜀文明史而言，我想说的宏观领域是什么？

那就是首先需要掌握的有关这个问题的巨大空间和时间坐标，看一看古蜀文明的不同阶段，到底坐落在什么特定的空间地理环境、时间发展阶段的大背景中。脱离了时间和空间大坐标，一脑袋扎进发掘坑和古书里，就有迷失方向的危险。在下并非危言耸听，这可是实实在在不容回避的客观事实。

要知道，在遥远的古代，脆弱的原始文明的演变，往往取决于自然环境。或者换一句话，让我们说得和缓些，对原始文明而言，自然环境有很大的影响。三四千年前的古蜀文明的演变，就是最好的例子。

古蜀族历史有一个最重要的特点：就是有从龙门山中搬迁到山外成都平原的漫长过程；出山后，一个个遗址又由于洪水冲毁被放弃，他们在平原上不断搬迁，最后到金沙遗址为止。古蜀族历史说得确切些，是一部连续搬迁的特殊移动史。研究古蜀文明，这个道理应该首先明白。

为什么古蜀族历史具有这种特殊的移动现象？

为什么古蜀族前期出山，后期在平原上一次次迁移？

说来有不同的原因，但都和当时当地的自然环境有关系。总的来说，整个古蜀族历史，经历了两次重大气候环境和三大地理环境的变化。要说明这个问题，需要先简单介绍一下近万年以来，古气候发展和古蜀族生活的地理环境的粗线条。

古蜀族的一部迁移史，经历了龙门山中岷江河谷、山内崇山峻岭、山外冲积扇平原三大地理环境。

这样大的气候和自然地理环境变化，不对他们的生活造成影

响,不在一部古蜀族文明史里留下深刻的烙痕,那才奇怪了!

这个观念非常重要!

让我强调一句,两个气候环境和三大地理环境的变化,构成了古蜀族历史的三大发展阶段。研究古蜀文明,一定不能忽视这个时间和空间的大背景,否则就很容易迷失方向。

让我再强调一句,古蜀文明历史是动态的,不能静态地观察研究。

现在让我们来简单分析一下,古蜀族所经历的空间和时间的大坐标吧。对认识古蜀文明史而言,这个"前奏曲"至关重要。恳请各位看官,切莫当作是可有可无的东西。信不信由你,只要你认真掌握了这个时间和空间的大背景,必定就会对古蜀文明的发展历史了解得更透彻,有更加深入的体会。

这就是在下研究的第四纪地质学和史前考古学的关系。

原来引进了古自然环境研究成果,古蜀文明史的奥秘竟还别有洞天,真是柳暗花明又一村呢。

读者朋友们,请您耐心仔细看完下文,没准儿就会相信这话不错了。

研究古蜀文明史的空间大坐标

——山中、山上、山外，环境当然不一样。
——这里不是黄土高原，但这里也有黄土。

什么是研究古蜀文明历史的空间坐标？
那就是他们生活的地理环境呀！
掰着手指数，古蜀族先后生活的岷江上游河谷、龙门山、成都平原三大地理单元，就是不同的空间坐标。
谁都知道，这三者位置不同，一个在西边山内河谷中，一个在高山里，一个在东边山外平原上，具体条件当然有很大的差异，不能不对生活其间的人群产生不同影响，在文明史上也有不同的反映。简单说，就是地理环境决定了脆弱的原始生活状态。所以研究者必须对古蜀族在不同时期活动的地理环境条件，进行仔细有区别的分析才好。
这三个地理单元的特征，让我们简单说说吧。

一、岷江上游河谷

这就是高高的龙门山中，从汶川经过茂县到松潘的岷江河谷呀！到九寨沟去玩的游客，没有不知道这条线路的。在车上浏览沿途高山峡谷的风景，印象会极其深刻。

这就是汶川特大地震发生的三条断裂带之一,地质学家说的龙门山后山断裂带呀!经过了那场地震的人们,也没有印象不深刻的。

陡峭的山坡,深深的峡谷,湍急的水流。

一座座大大小小、摇摇晃晃的索桥,一条条长长短短、粗粗细细的溜索。

所有这一切,给人多么深刻的印象。河床好像被紧紧约束在"岩石套子"里,要想侧向摆动非常不容易。再加上地壳一直持续性抬升,所以下切远远大于侧蚀。河流来不及侧向摆动,就随着地壳抬升而不断下切,形成岷江上游河谷中所见的情景,基本上都是峡谷,很难瞧见一段宽阔的谷地。

为什么地壳抬升的山区,容易形成峡谷?让我们用生活中的例子来打个比方。

如果手里拿着一块豆腐,迎着一把快刀的刀口慢慢向上移动,快刀不把豆腐切出一条缝,那才奇怪了。山间的峡谷也是这样,是由于"豆腐块(地壳)"抬升,"快刀(河流)"下切而生成的。

朋友,请您想一想,当年生活在这儿的古蜀族的祖先,该住在哪儿才好?

总不能"挂"在笔陡的崖壁上,总不能"泡"在急流飞奔的河床里吧。

难道除了陡峭的崖壁和水流奔腾的河床,就没有别的地方吗?

不,仔细看一看,这条河谷里还有一些特殊的地形。

1. 河边的阶地,沟口的冲、洪积扇

你看,河谷两边断断续续散布着一级级台阶,从谷底向高处排列,好像是巨人登山的阶梯。

这是什么地形?

考古学家叫它"台地",地质学家叫它"阶地"。

再一看,在支流出口处的小型冲、洪积扇,是河谷里另外一种常见的地形。既然它们和阶地一样,同是河流的产物,就也可以分为不同的级序和同时代的阶地相对比。

抬头又一看，在更高的地方，常常还有一些更加宽阔平整的黄土台地分布。

不管低处的阶地，高处的黄土台地，地形都很平坦，土质也很松散，修造房屋、种庄稼都很方便。这就是古蜀先民聚居地点最好的选择。

仔细看一看古今居民点的分布，可以看出一个很有意思的现象。

你看，现在的主要居民点和交通线，几乎都沿着同一水平高程，毫无例外都集中分布在河谷底部，特别是分布在河流转弯处的凸岸一级和二级阶地，以及支流出口处的一些冲、洪积扇上。茂县、汶川、叠溪、绵篪、映秀等一些主要城镇就是最好的例子。不言而喻，这里地势相对比较平整开阔，有利于居民点、交通线布置，也可以发展农业。

2. 进山方便的黄土高台地

再一看，可稀奇了。

你看，当代少数民族村寨、一些古蜀先民聚居的遗址和前文说的主要居民点就大不相同了。

以羌族和藏族居民点为例。除了少数村寨，几乎全都集中在河谷高处的黄土台地上。包括姜维城等古蜀遗址，也分布在同一个地貌部位。

为什么好好的河边不要，非得搬上那么高的地方？每天爬坡上坎多么不方便。

干吗要每天爬坡呀？他们住在上面很舒服，才不天天下坡又上坡呢。

不信吗？请上来看看吧。

你看，这里的地势更加平整、更加开阔。无论从面积和平整度，都一点不比河谷下面的阶地和冲、洪积扇差。

你看，这里铺盖着厚厚的黄土，土壤的肥沃程度也大大超过了别的地方。发展农业的条件，一点也不比河谷底部差半分。

谁不知道黄土高原是西北的粮仓？岷江河谷这个高台地上的黄

土，也是当地的粮仓。

你不信吗？放眼看看吧。触目到处是耕地，散布着一个个居民点。在川西高原东部，大渡河上游的金川河、岷江及其支流杂谷脑河沿岸，众多藏族、羌族村寨大多坐落其上就是明证。这里不仅地形平整，土地肥沃，还离开了山脚的河谷，远离了山崩、滑坡、泥石流等地质灾害的活动范围，也较少遭受地震的破坏。难怪藏族、羌族都喜欢这个高平台，主要的耕地都在这里。

噢，明白了。原来这里的主要农耕地带不在狭窄的河谷里，而是在这个高高的台地上。

话说到这里，没准儿有人会问：这里不是黄土高原，哪来的什么黄土？这样说，是不是冒牌的假货？

在下以地质工作者的名义起誓，这绝对货真价实，是真正的黄土。北方有黄土，南方也有同样的黄土。说起这个问题话就长了，涉及专业内容，请读者诸君参看知识链接板块。

请你再仔细看一看，这儿坐落在一个非常特殊的位置：下面是深深的河谷，背后是高高的山。

走下河谷，必须下坡又上坡。

走进背后的山，也是一条上坡路。可是在有些地方，沿着一道道缓缓倾斜的山谷，进山的上坡路并不难走。

现代少数民族兄弟固然要随时下山，要进城赶集办事，因此在路边搭车都是必须的。

古代蜀族先民那可不一定了。

试问，他们没事下河干什么？

那时候没有县城，也没有公路。如果要下坡到河边，最大的可能只不过是抓鱼。

背后的大山对他们的诱惑力，可就大得多了。

山，是神秘和丰富的代名词。

难道不是吗？那里可以打猎、伐木、采集药材，供给生活的东西，比河边多得多。山与河，对他们而言，似乎前者的诱惑力更大。

少下河，常进山，应该就是当时先民的一种特殊的生活模式。

这里接近山中腹地，进出非常方便，这对未来古蜀文明的发展，具有不可估量的作用。这一点，将在柏灌一章仔细阐述，敬请读者诸君关注。

3. 不"压线"的安全高台地

顺便在这里说一个非常重要的问题——不"压线"的高台地。

"压线"？这个词儿很古怪，压的是什么线？

这里说的是压不压断裂带，也就是压不压地震带的问题。

我们都知道，岷江上游河谷发育在一条巨大的活动性断裂带内，第四纪以来的新构造运动异常显著。

说到这里，再解释一个名词吧。什么是第四纪？什么是新构造运动？

第四纪是最新的地质历史时期，开始于两三百万年前，大致相当于人类发生、发展的主要阶段。就连远古时期的元谋人、北京人，也生活在其中。区区几千年的古蜀历史，自然包括于其间。

新构造运动就是第四纪期间，人类出现以来的地壳运动。包括地壳垂直升降、水平挤压和其他种种活动，当然也包括地震活动。

龙门山区既然是新构造运动活动强烈的地方，也是强烈的地震活动带；在地质历史和人类社会历史时期内，就不知发生过多少次大地震。翻开史书看，仅仅从南宋孝宗乾道五年（公元1169年）以来的不完全统计，就发生了破坏性地震25次，其中里氏6级以上地震18次。特别是近代的1933年，营盘山遗址附近的叠溪，发生了7.5级地震，使整个村镇沉陷，沿途山体崩塌、滑坡，形成的一系列地震堰塞湖保留至今。人们记忆犹新的2008年汶川特大地震，就更加不用多说了。

一次次地震，必然会引起后期的滑坡、山崩、泥石流等次生地质灾害，使人们受到第二次乃至第N次打击。

不用说，坐落在河谷底部的沿江城镇，不仅直接"压线"，有地震直接破坏的潜在危险；还由于深深夹在两边陡峭的山崖之间，周围危崖环绕，遭受各种次生地质灾害的威胁最大。

与此相反，山谷上方的黄土高台地，却并未在断裂带上直接"压线"，背后没有陡峭的山坡，次生灾害威胁较小，相对安全一些。这里即使发生地震，最多不过遭受地震本身的第一次打击，很少会受后期连续不断的次生地质灾害的影响。

2008年汶川特大地震就是最好的例证。河谷底部的城镇除了经受强烈的地震影响外，由于山体已经受到强烈破坏，许多地方破碎疏松，缺乏植被保护，基本上处于不稳定状态，还受到后期山崩、滑坡、泥石流的反复影响，受破坏比较严重。

可是峡谷上方的黄土高台地就完全不是这个样子。由于比较远离背后的山体，一旦余震结束，就初步结束了次生地质灾害的威胁。例如位于黄土高台地上的汶川萝卜寨遭受的破坏，就仅仅来自强烈的地震波，和后期的山崩、滑坡、泥石流等无关。世代居住在这里的羌族、藏族，选择在这个地貌部位定居，是有远见的，是经过长期体验，并对当地环境有所了解的明智安排。

值得注意的是，分布在岷江河谷内的一些古蜀遗址，也大多坐落在这种黄土高台地上，这是最佳的选择。我们可以确切地说，除了耕种和狩猎的原因，古蜀先民很可能对这里的地震活动，以及河谷内的山崩、滑坡、泥石流等自然灾害有一定的认识，才选择在黄土高台地上居住，从而留下了今天我们看见的一处处遗址。

二、龙门山

高高的龙门山，从北东延伸到南西，全长大约500千米。好像是一道山墙，分开了背后的岷江上游河谷和前面的成都平原。

这个龙门山是孤立的一道山吗？

不，原来这是"世界屋脊"青藏高原的东部边缘，本身就是高原的一部分。从地质构造来说，也是西藏板块的一部分。它的山前就是和扬子板块接触的巨大断裂带，那是历史上最活跃的地震带之一。1933年一场7.5级地震，抹掉了整个叠溪古镇，形成了一个巨大的堰塞湖，就是今天能看见的叠溪海子。2008年汶川特大地震，震中就在山中的映秀附近，沿着断裂带迅速传递到整个山脉的中段和北段，摧毁了许多城镇，造成巨大的生命财产损失。

这只是简简单单的一道山吗？

不，它的结构可复杂了。走进去一看，原来有好几条平行延伸的山岭，共同形成一道山脉。它的主要分水岭偏在东侧，几乎紧紧挨靠着成都平原。在高高的山脊上，个别山峰还有常年不化的积雪呢。杜甫在成都西郊草堂描写的"窗含西岭千秋雪"，就是说的这个山脉北段的岷山主峰雪宝顶。

仰望高高的龙门山，觉得它很高很高，简直高不可攀。

请千万不要以为它真的是一道墙，隔绝了两边互不相通；其实山中有许多孔道，根本就不是一道不可逾越的高墙。请千万不要以为它是挤得密密麻麻的一团山、一片山；以为进入山中，找不到一块可以放下一只脚的地方，一块可以安居的平地。

那是绝对错误的观念，是不了解山的文人的臆想。浪漫的诗人可以随意夸张，严谨的科学工作者可不能随便说。

谁不信，请走进去看一看吧。这座山中也有一些比较宽阔的地方，水流非常丰富，完全适于人们居住。别说修造一两座房子，有的地方种一片庄稼，放下一两个村子也绰绰有余。

这就埋下了一个伏笔，为古蜀历史第二阶段的柏灌迁移、翻越这道山脉进入成都平原，提供了必要的条件。

柏灌带领部族生活其间，熟悉了龙门山的情况。这为未来的三星堆和金沙的灿烂文明，奠定了极其重要的认识基础和物质基础。

这是本书要讲的后话了。

三、成都平原

1. 特殊的复合冲积扇平原

啊，成都平原！

这就是富饶的"天府之国"呀！

世界上各种各样的平原很多，这个平原和别的平原有什么不同？对古蜀文明的发展有什么影响？

成都平原不同于长江中下游平原、华北的黄淮平原和东北的松辽平原，不是河流泛滥的平原；也不同于沿海平原、干燥区的风沙平原等。它的形成和龙门山有密切关系。

原来这是一个发育在阶梯式沉降的地堑基础上，由从西边龙门山出山的多条河流共同堆积形成的复合冲积扇平原。

地堑是什么东西？

这是一种两侧断裂、中央沉陷的地质构造。常常在沉降平原内部还有次一级的断层分布，形成复式断陷的构造盆地。不用说，这好像是一个特大的凹坑，不管山里冲出多少泥沙都能容纳下，这就是成都平原形成的基础。所以，富饶的成都平原，能够填充深厚的泥沙，而成为名扬天下的粮仓。

冲积扇是什么东西？

冲积扇地形从山口向外侧逐渐降低，水流出山后，没有山地约束，一下子散开，形成了特殊的放射状水网。都江堰就是利用这种优越的地形条件，发展自流灌溉，使成都平原成为号称"陆海"、水旱由人的"天府之国"。世界上许多文明古国的水利工程消失在历史的尘埃里，但都江堰一直留存，并且至今还能造福于人间，依靠的也是这个特殊的地形条件。

这个平原和古蜀文明发展有什么关系？

这得要从两个方面来说。

由于地势宽展低平，水土条件都很好，不用说非常有利于发展原始农业，所以在广阔的平原上才出现了三星堆、金沙等一座座古城。

由于冲积扇地形从西向东逐渐下降，水流也从西向东分散开，有利于从西边山中出来的古蜀族的各个部落，逐渐向东发展。

2. 寻找古蜀遗址的线索——广汉期二级阶地

再一个问题，在这样的环境里，古蜀先民选择在哪里居住最好？请让我联系一件往事说明吧。

四川省博物馆已故的著名考古学家秦学圣先生，在一次和笔者共同考察途中，曾经垂询在下：在非石灰岩地区缺失溶洞的情况下，古人类选择居住地点，主要考虑什么地形条件？我把其他不同地貌环境——叙述清楚后，最后就我们共同关注的成都平原说："应该是广汉期二级阶地。"

什么是广汉期二级阶地？

这是笔者在1959年命名和划分的，已经为第四纪地质学、地貌学界普遍接受。其地形略微高出低平的一级阶地之上，由笔者命名的广汉黏土覆盖广汉砾石层组成。在地层上合称广汉层，地貌上就是广汉期二级阶地了。

要知道，原始聚落选址的最基本条件是取水和交通。掌握住这两个基本点，就不难判定某个区域内，原始遗址的分布规律了。

以成都平原而言，交通便利自不待言，取水也十分方便，剩下的一个重要原则就是选择既能耕种也能够防洪的地貌部位。

考虑到以三星堆为代表的三四千年前的原始遗址，都在一个全球性的灾变气候期内，突发性的洪水是这个时期最严重的灾害之一。所以防洪问题非常突出，也是必须首先考虑的事情。

让我们设身处地，为当时的古蜀先民想一想吧。

低平的一级阶地虽然取水、交通和耕作都方便，却不能防备洪水。一旦洪水暴发怎么办？

广汉期二级阶地就完全符合所有的条件，是当时原始聚落的最佳选址部位。

事实上，成都平原所有古蜀时期的原始遗址，都毫无例外地分布在这个地貌层位上，形成了一个规律。这也是20世纪80年代，笔者预言成都西郊摸底河沿岸，也就是今天的金沙遗址一带，有可能发现古文明遗迹的根据。

知识链接

阶地和台地

1. 阶地和台地的区别

关于这种地形,考古学界习惯使用的名称和地质学界不同。这个名词的英文原文是Terrace,就是"阶梯"的意思。地质学界翻译为阶地,考古学界翻译为台地。猛一看,似乎没有太大的差别,严格说来二者还是有区别的。

阶地具有成因学的意义,专门指河流堆积或侵蚀形成的一种台阶式地形。同一级阶地的时代和成因相同,使用这个名词比较严格。

台地是形态学名词,在地貌学里仅仅指一种台阶式的地形。它可以泛指一切台阶状的地形,包括岩性差异以及其他种种原因形成的台坎,没有严格的时代和成因含义,不一定分布在河边,不能作为地层时代的依据。

阶地当然都是台地,台地就未必都是阶地。这一点必须弄清楚才好。从这个角度而言,考古学使用的台地名词比较含混,建议还是使用传统的地质学专有名词好些。

请注意,本书也会使用台地这个名词,例如岷江河谷高处的黄土高台地。那就和阶地不一样,仅仅是形态学的描述了。

2. 阶地是怎么生成的?

这是由于地壳上升,把一个又一个时期新老不同的古河床抬升到高低不同的位置,就生成这种阶梯式的地形了。

阶地剖面内总有淤积土层和成层排列的砾石,形成特殊的二元结构。同一级阶地的砾石风化程度相同,化学成分也大致一样,表明是同一个时代的古河床堆积。不同级别的阶地堆积物不同,是不同时代的产物。

3. 阶地和地壳运动

河流阶地对研究地壳运动有很重要的作用。

只要数一数,沿着河谷有几级阶地分布,就可以确定这里的地壳曾经上升了几次。

只要测量出两个阶地面之间的高差，就知道两次运动之间抬升了多少米。难怪地质工作者对阶地研究特别仔细，要求特别严格，绝对不能把不同时期的阶地混为一谈，随便开口说这是第几级了。

岷江上游河谷里到底有几级阶地和整个地区的地壳上升历史有密切关系。

第四纪以来的地壳运动叫作新构造运动。据笔者研究，在第四纪期间，至少包括四川盆地、川西高原和周围的鄂西、湖南、广西、云贵高原，甚至越南北部一些地方在内，同一个板块或邻近板块的广大地域，新构造运动抬升了4—6次。地壳活动性比较强烈的山区抬升频繁，平原和丘陵地区比较稳定一些。间歇性多次抬升的结果，在岷江河谷内形成了5—6级阶地，每一级都是同时代的产物。

这些阶地并不都是完整的平台，顺着河谷连续延伸分布。时代比较老的高阶地经过长期侵蚀破坏，已经丘陵化。由于河流侵蚀等原因，有的阶地在某些地段也有缺失，不过却还断续相连，分布在同一个水平上，提醒人们这是同一个时期的产物。

4. 阶地对比问题

同一级阶地生成于同一次地壳运动，剖面内的堆积物属于同一个时代。

考虑到上述不同河段阶地可能有缺失现象，所以不能简单地看，某处是当地的第几级阶地。

考虑到阶地形成后，后期地壳运动可能使不同地点的同一级阶地的高程发生变化，所以也不能简单地用高程划分级别。正确的办法是根据堆积物的特点，及其含有的化石或其他古生物证据，加以放射性同位素测年和其他手段，才能确切地进行对比。

而山区河流的阶地划分，也不能简单地从形态观察：掰着手指数一、二、三、四、五，只数一数摆在面前有几个台阶，就说某个地点是第几级阶地。

要知道，阶地形成和新构造运动有关系。由于地壳抬升，河流下切，才形成了阶地。新构造运动是大范围的，绝对不可能在短距离内发生变化。所以同一条河流，在同一个大区内，河流阶地有同样的级数序列，绝对不会在几千米、几十千米内就有很大的差别。只不过由于个别地点缺失某一级阶地，造成错觉而已。

为什么一些地点的阶地会有缺失？这是水流作用造成的。由于河流摆动和侧向侵蚀等因素，就可能造成某些地点某级阶地的缺失。研究山间河流地貌，应该明白一个基本事实，阶地缺失是一种非常普通的常见现象，无足引以为奇。如果所有地点都没有缺失，一、二、三、四、五，全都摆得整整齐齐，那倒是奇怪了。

要知道，不同级别的阶地，不仅时代不同，剖面结构和沉积相也不同。后二者涉及成因和古地理、古水文环境条件分析，对当时的环境研究有非常重要的意义。不同的级别，或者说不同时期的阶地，绝对不能混为一谈。

由此可见，对一个具体地点的阶地判读，必须结合整条河流比较观察。阶地划分必须深入研究其时代、成因和沉积相。所以我们一般不说这里或那里有几级阶地，常常把同一时代的同一级阶地，给以专门的地文期命名。

考古学家所谓的"台地"，仅仅是形态学的名称，几乎完全没有成因学意义。如果据此对比，就很容易出问题。

例如岷江河谷里的营盘山遗址，被称为二级台地。从当地只看见这样一个高台地和河边一个低台地来说，当然也没有错。但如果结合整个地区来看，营盘山遗址所在处，应该属于高原内的南村期，相当于四川盆地内的天鹅抱蛋期，也就是第5或第6级阶地。从其本身的成因顺序来说，遗址所在的高台地，应该属于中更新世早期的5级阶地。

只是由于这里缺失了第2、3、4级，所以就被认为是二级了。

请想一想，如果我们要总结一个河谷内原始遗址分布的规律。同一个时期的遗址，往往都选择建筑在同样高、同一时代生成的阶地上。这样相同的阶地，距离河面高度相当，阶面堆积物相同，所以居住和耕种条件都一样。可是由于不同地点，阶地缺失情况不同，就会造成本来都是5级阶地，这里表现为五级台地，那里又表现为二级台地，似乎没有规律了。

而支流出口处的小型冲、洪积扇，是河谷里另外一种常见的地形。它们和阶地相同，也是河流的产物，也可以分为不同的级序和同时代的阶地相对比。

5. 四川盆地和川西高原的地文期划分

什么是地文期？就是地貌发育阶段，主要通过多级阶地和山顶夷平面表现。

笔者结合前人方案，提出的四川盆地阶地的地文期，从老到新分别是天鹅抱蛋期（熊永先先生命名），相当于5—6级阶地；松林坡期（袁复礼先生命名），相当于4级阶地；雅安期（李春昱先生命名），相当于3级阶地；广汉期（刘兴诗命名），相当于2级阶地；资阳期（刘兴诗命名），相当于1级阶地。

在接近岷江上游河谷的川西高原，可以用笔者在炉霍、道孚地区划分的鲜水河剖面为根据，从老到新依次是南村期5级阶地、腊日期4级阶地、炉霍期3级阶地、恰叫期2级阶地、旦都期1级阶地。这些阶地可以和四川盆地的剖面完全对比，只不过从地质学的工作习惯，给予不同的地方性名称而已。以上两个方案都已经被地质学界普遍接受。

南方黄土问题

人们习惯了，北方才有黄土，南方哪来的黄土？其实南方也有，只不过一般人不知道罢了。

本书所说的黄土高台地，覆盖着厚层黄土，是南方黄土的一个重要分布区。这就是笔者过去所称的"松潘黄土"。其时代与华北的马兰黄土、成都平原的成都黏土以及笔者在三峡命名的巫山黄土相同，统统都属于两三万年至一万年前的晚更新世。

黄土的生成，素来就有暖型黄土和冷型黄土两种。

什么是暖型黄土？就是分布在沙漠周围，由沙漠里吹来的尘土堆积形成的黄土。我国西北鼎鼎有名的黄土高原，就是一座从沙漠里吹刮来的粉尘逐渐堆积形成的一个大高原。西亚阿拉伯大沙漠、非洲撒哈拉大沙漠、澳大利亚西部沙漠周围的黄土，也是这样生成的。

什么是冷型黄土？就是分布在冰川周围，由冰川前缘吹来的尘土堆积形成的黄土。中欧阿尔卑斯山前和东欧俄罗斯平原上的黄土，就是典型例证。

巫山黄土的成因很可能和后者成因大致相同，但也可能掺杂了沙尘暴的影响，情况比较复杂。说出来可能让人不相信，在湖北秭归旧城对岸的楚王台上，不仅有楚国最早的遗址，还有一排人工开凿的黄土窑洞。20世纪80年代初，笔者首先发现它，于是以巫山北门坡典型剖面命名，已为学术界普遍承认。

成都黏土、南京附近的下蜀黏土等，也属于南方黄土系列。由于海拔位置较低，后期在湿热气候环境中变性，所以被称为退化黄土。但是在它的剖面里，依然保存着钙质结核等遗留物。笔者在成都东郊许多地点取样，在电子显微镜下观察，众多标本都具有典型的风蚀圆麻状构造以及撞裂碎片等现象，充分证实了风力搬运的特征。

岷江河谷里的黄土，分布在第四纪期间古冰川活动频繁的青藏高原东部。值得注意的是，这里也位于西北一些沙漠的下风方。所以其成因比较复杂，不排斥是冷型和暖型的混合型黄土。

中国的南方黄土很多，并不是只有北方才有黄土分布。北方黄土成因简单，毫无例外都是暖型黄土。南方黄土成因复杂，冷暖成因都存在，需要具体分析。

研究古蜀文明史的时间大坐标

——你知不知近万年来全球气候变化的规律？
——全球气候变化有规律，古蜀也不例外。
——欲知往昔几千年，认清一张"孩儿脸"。

一、回顾古蜀气候，岂能将今论古？

什么是古蜀文明的"时间大坐标"？

那就是整个古蜀历史所在的时间范围呀！

要知道，漫漫一部古蜀历史非常悠长。在这样长的过程中，不同阶段的古气候、古地理环境肯定不一样。不用说，和今天的也不一样。绝对不能用将今论古的办法，把整个古蜀历史的环境条件和今天完全对比。如果那样，就不是食古不化，而是"食今不化"，会引发许多不符合实际情况的错误结论。

是啊，几千年来漫长的大自然历史，怎么可能是同一个面孔？同样也是有起伏变化的"春夏秋冬"。如果只从我们今天的感受看待这个问题，认为几千年来古今大自然环境完全一个样，不出娄子才奇怪了。

明白了这个道理就好办，我们就可以接着往下讲了。

我们看待漫长的古蜀历史，必须和相关的自然环境变化比较。首先要弄清楚在这个阶段内，整个世界的大自然环境变化规律。再像做填空题一样,把古蜀历史分成一个格子、一个格子放进去,看一看它的各个历史阶段,所处的自然环境是什么基本情况,及对这些古蜀历史阶段有什么影响。简单一句话,就是在研究古蜀历史之前,应该首先知道它的古气候环境的大背景。这就好像走路一样,如果连基本方向也没有弄清楚,不管三七二十一就埋着脑袋往前乱走一通,免不了会迷路的。

常言道,孙悟空跳不出如来佛的手掌心,古蜀文明的发展也不会脱离全球气候变化的大规律。从古蜀族之先祖蚕丛开始,经过三星堆文明,直到金沙古城破灭、秦灭巴蜀,全都包含在第四纪最后一个冰期以来的地质时期,也就是全新世的中晚期内。其中,不同时段的古气候、古地理状况不同,对生存其间的古蜀族文明发展,势必造成不同的影响。如果我们贸然将今论古,用现时的眼光看待过去的一切,必定会得出许多错误的结论。

明白了这个道理,就知道笔者的一番苦心了。为什么我一再强调,研究古蜀文明,一定要懂得一点相关的第四纪地质学的基本知识。要不,就可能走弯路。

第四纪地质学也是一门学问,三言两语怎么说得清?在这里只能简单讲几句,介绍一点和古蜀历史阶段相关的基本知识吧。

我们要研究的古蜀历史阶段,其实非常短暂。用地质学的眼光来看,仅仅不过发生在最新又最新的地质历史阶段,第四纪全新世的后半期而已。

大致一万年前,第四纪晚更新世最后一个冰期结束后,开始了全新世,又叫作冰后期。

如果我们把此前的冰期譬喻为严寒的冬天,全新世就是冬天结束后的日子。

需要在这里特别说明,这个"冬天"过去后,"夏天"不会立即到来,其间还有逐渐温暖却又存在明显波动的"春天"。

在日常生活里,我们都熟悉春天的"孩儿脸",时寒时暖,夹杂着许多倒春寒。随着一天天过去,这些倒春寒越来越少,越来越微弱,最后才终于进入真正温暖的长夏。用第四纪地质学的语言来说,就是进入真正的间冰期了。

在古蜀历史的面前,这个"夏天"般的间冰期还早呢!和大自然的历史相比较,人类历史实在太短促渺小了。自新石器时代以来,直至今天的漫漫人类历史,不用说也包括整个古蜀历史在内,全都存在于"春天"的"孩儿脸"之中。要想研究古蜀文明,不认清这张"孩儿脸",行吗?

明白了这个道理就好办,我们就能开讲最后一个冰期结束以来,全新世古气候的变化规律了。

全新世古气候演变,也有从"冬天"经过"春天"到"夏天"的阶段性变化规律。至今为止,有5个气候阶段。根据以瑞典和波罗的海地区为代表的北欧划分标准,再经中欧阿尔卑斯地区验证后,建立了一个标准方案。以后包括我国在内,在世界各地通过相关学科不同手段的反复验证,证实了这个方案的正确性,为世界有关学界共同承认,没有什么例外。

要知道,寰球同此凉热。需要特别提醒,在这个全球性的古气候演变规律中,古蜀族活动的川西小小一地不可能例外。必须把古蜀文明的各个阶段,按照其测年数据,像填格子一样,一一放在其间。研究古蜀时期和其他一切史前文明,倘若离开这个"时间大坐标",夸夸其谈别的什么高论,岂不与科学事实背道而驰?三星堆研究中,认为青铜太阳轮代表"太阳崇拜",表现出"太阳出来喜洋洋"的心情,就是一个明显例子,这将在后文详细解说。

二、近万年来古气候演化历程

读者朋友们,为了说清楚问题,请您务必耐心听我简单介绍一下,近万年来的古气候演化历程。

晚更新世最后一个冰期结束后,全新世古气候可分以下几个阶段:

1. 前北方期和北方期:其中,前者距今约10200—9500年,后者距今约9500—7500年。因为二者的气候环境差别不大，常常合并为一个阶段。这时候刚刚脱离冰期不久，气候一般以温凉为特征，一些地方有些干燥现象。受此气候影响，古人类的生活多少还有些艰巨。

2. 大西洋期：距今约7500—4500年，气候普遍以温暖潮湿为特征，又称全新世以来最适宜期。相当于我国神话传说中的神农时代和《圣经》传说中亚当、夏娃生活的"黄金时代"。经历了严酷的古冰期时代后，全新世古气候直到这时才普遍进入全球性的"春天"。由于环境适宜，全球原始农业得以井喷式发展，新石器时代的文明进入一个高潮。我国北方仰韶、南方河姆渡等文化，无一不在其中。对于上古历史中的这个"井喷"现象，必须从这个角度出发予以审视，否则就不能完满解释这个全球性的历史现象。

古蜀蚕丛时期的营盘山遗址距今约5500—5000年。在其周围岷江上游的其他地区，距今约6000年的波西遗址、距今约5000年的绵篪姜维城遗址和距今约4500年的沙乌都遗址等，全都位于这个"黄金时代"。在这个阶段，人们方能安然生活，营造出一段使人艳羡的史前文明历史。

3. 亚北方期：距今约4500—2500年。高山、高纬一些地方有冰川活动，形成"小冰河期"，其外围广大地区以气候干热为特征。

这是一个典型的灾变气候阶段，以持续性干旱，加以突发性洪水为特点。全球各地均受到不同程度影响，包括我国在内的北半球中纬地带尤为明显。时间大致相当于从黄帝时期开始，经夏、商两朝直至西周初年。此时世界各地均有所谓"世界性洪水"和极度干旱的神话传说，例如大禹洪水、诺亚方舟洪水等。一些和大自然斗争的"英雄时代"的传说也与其息息相关。

这个阶段相当于古蜀的柏灌、鱼凫、杜宇时代，三星堆时期正在其间。为什么在这样恶劣的环境里，古蜀人尚能创造出灿烂辉煌的三星堆文明？这是另外一个问题，和他们所在的特殊地理条件有关系，请容许我在后面慢慢解说。

4. 亚大西洋期：大致从2500年前直至今天，气候以温暖潮湿为特征，是又一个"黄金时代"，相当于我国西周末年以来的历史阶段。竺可桢先生以古代物候记录为主，进一步划分为一些温暖期和寒冷期。古蜀金沙时期就在这个阶段里，所以能够创造出更加辉煌的文明成果。

请注意，以上全新世古气候的划分，大致有2500—3000年的周期现象。全球各地统统都不能脱离这个规律性现象，特别是北半球中纬地区更为明显，这早已为有关科学通过各种研究手段所证实。少数地域由于特殊的环境因素，各个阶段的起始时间有少许差异，但是基本规律是不会变化的。

由于这个原因，考古研究必须充分正视这个古气候环境变化的规律性现象。区区龙门山、三星堆、金沙，一个小小的角落，不是外星球，能够超脱这个全球性现象，跳出古气候发展规律吗？

说到这里需要特别补充一句。这个两三千年左右的周期并不是说，在这个漫长的阶段内，气候统统一样。要热就热几千年，要冷就冷几千年；要干就干几千年，要湿就湿几千年，其间一成不变。其实在气候演变过程中，大的周期中，还有小周期的波动，小周期里又有更小周期的波动。换句话说，在这以千年计算的大周期中，存在着以百年计、几十年计和几年计的更小周期档次，其上也有以几万年计、几十万年计的更大周期存在。所以不能当成铁板一块，只不过在某一个周期内，气候基本以干冷或湿热为特点而已。这个问题我还要在金沙一章中详细阐述。

古蜀文明第一乐章
——蚕丛梦幻曲

蚕丛是谁？

——别信李白的话，他距今哪有四万八千岁？
——别信古书的话，他哪是什么"国王"？

树有根，水有源。一个民族，一个部落，也有自己的源头。

古代蜀族的祖先是谁？

是蚕丛。

你不信吗？有书为证。

研究古蜀历史最权威的古代著作《华阳国志》就说："有蜀侯蚕丛……始称王。"

你不信吗？有诗为证。

大诗人李白在《蜀道难》中说："蚕丛及鱼凫，开国何茫然！尔来四万八千岁，不与秦塞通人烟。"

这书证，这诗证，完全可靠吗？

不能认为黑字写在白纸上，统统都是真理。

不能认为名家嘴里说的话，统统都是至理名言。

哈哈！从蚕丛、鱼凫到现在，哪有四万八千岁？

四万八千年相当于旧石器时代中晚期，那是真正的原始时代。蚕丛不过是新石器时代晚期的一位头领而已，距今不过几千年，和"四万八千岁"差得太远。这只是浪漫主义诗人的夸张式的描述手法而已。李白还说过"黄河之水天上来""千里江陵一日还",就在这首《蜀道难》中也说过:"蜀道之难,难于上青天……黄鹤之飞尚不得过,猿猱欲度愁攀援。"请问,你能相信吗?

当然啰,科学研究者不能和浪漫的诗人较真,那不仅太没有雅量,也显得太"木头"。反过来,也不能把浪漫的诗句当成科学,那样也是迂腐。

蚕丛哪是什么"王"?

这里所说的什么"侯"呀,"王"呀,并不是后来封建时代的"侯"和"王"。

请问,如果他真是什么"侯"和"王",是谁给他封的?

这只不过是后世一种譬喻而已。道理非常简单,那还是5000多年前的新石器时代,人们过着原始部落生活,哪有后来的什么"公""侯""伯""子""男"和"国王",甚至"皇帝"的概念?这里所说的"侯"和"王",只不过是一个地方的头领自己称老大而已。

噢,说起来,他不过是一个部落的酋长,最多不过是部落联盟的大酋长。写《华阳国志》的常璩生活在公元4世纪的东晋时代,使用习惯性的"侯"和"王"来描述他,不过是形容的手法,不能够当成是真的。

那时候有真正的国家吗?

关于国家的概念,有严格的规定。蚕丛时期的部落生活方式,和真正的国家还差得远。李白所说的"开国",不过是一个定居部落生活的开始。

那么,蚕丛到底是什么人?

他只不过是传说中,古蜀族群的一位始祖罢了。说得直白些,就是开山祖师爷。

古蜀族的来历

——水有源头,风有踪。这支部族到底来自西,还是东?
——人人都有自己的亲戚,他们的亲戚究竟是不是黄帝?

说到蚕丛,需要弄清楚一连串有关的问题,他所带领的古蜀族是从哪儿来的?他们居住在什么地方?怎么过日子?

让我们先说第一个问题,古蜀族的来历。

《世本》里说:"蜀之先,肇于人皇之际。无姓。相承云:黄帝后。"

请看,书里说得明明白白,古蜀族是黄帝的后代。

鼎鼎有名的《史记》,也在《五帝本纪》中说,黄帝之子昌意"娶蜀山氏女"。

书里说得很清楚,这个蜀山氏就是古蜀族的祖先。黄帝的儿子娶了古蜀族的女儿,岂不就拉扯上亲家关系了?这一来,蚕丛也是黄帝转弯抹角的亲戚了。

也有古书说,蚕丛的祖先是五帝之中的颛顼,他的家系是支庶,分封到蜀地作侯伯的。

瞧,他的来历多么显赫辉煌!就看你信不信了。

昌意又是怎么一回事呢?《史记·五帝本纪》的索隐解释说:"黄帝立四妃,象后妃四星。皇甫谧云:'元妃西陵氏之女,曰累祖,生昌意。'"这样说的古书可多了，基本大同小异，不必一一列举了。

瞧，一本本古书把他们的家谱说得这样详细。说得简单一点，那个所谓和蚕丛也是一家的蜀山氏之女，就是黄帝原配夫人的亲儿媳妇。

再说他和颛顼的关系吧，这又是怎么拉扯上的？那时候并没有统一的王朝，又是谁"分封"他到蜀作"侯伯"的？

不管一本本书上说得那样热闹，也不管你信不信，反正我是不信的。常言道："尽信书，不如无书。"这话说对了！古人说的不一定都对，专家说的也不一定都对。

说来道理很简单，黄帝只不过是传说中的人物。说得再简单一点，也不过是原始时代的一个部落联盟的大酋长而已。后来封建时代的许多文人把传说的原始蒙昧时期描绘成有"帝"有"王"，有完善体制的封建时代，好像是一派莺歌燕舞的礼乐世界。硬要把黄帝和封建帝王相对比，"考证"出他的姓氏、别号，有多少后妃，有几个儿子；谁是他的宰相，还封了一些什么官员；甚至穿什么颜色的衣服，都写得非常仔细。我问你，你信吗？

用后来封建时代的眼光比拟原始时代，好像是相声里的"关公战秦琼"，怎么能够当真？

话虽然这样说，从这些传说里，也透露了一些有用的信息。不管古蜀族和黄帝是不是扯得上关系，看来这一支部落是从西北迁移而来，是氐羌体系的一支，却似乎是没有问题的。

从三星堆出土的那些青铜头像，也可以猜出一两分来。你看，他们高高的鼻梁，大大的眼睛，多么像同样也是氐羌体系演变而来的彝族和羌族！

古时原始部落本来就和游牧生活有关系。他们从西北经过松潘一带的阿坝草原，沿着这条天然地理走廊前进，一直走到岷江河谷，也是顺理成章的。只不过不要拉扯什么和黄帝的关系，不要说什么分封到这里作"侯"为"王"就成了。

蚕丛时代的生活

——他住在哪里,栖身的是什么"房子"?
——岩层里的花纹就是"蚕",信不信由你。

蚕丛带领他的部族,到底怎么过日子?

前面已经说过了,蚕丛时期已经出现了原始农业文明。以耕作和狩猎为生,应该是当时生活的主旋律。从整个新石器时代晚期的状况来说,这是可以肯定的。

这就完了嘛,还有什么好说的?

有啊!就从蚕丛这个"蚕"字说起吧。

如果前人传说是真的,他们似乎和别的原始部落有些不同,从部落的首领叫蚕丛这个名字就能够说明问题。从古到今,众口都说蚕丛和养蚕有关,看来有几分可信。据说,他教民众养蚕。在他的指导下,人们学会了驯养野蚕抽丝的技术,发展成为一个善于养蚕的部族。

既然能够养蚕,穿的衣服必定比较进步,大概也不会错得太远吧。

除了这两点,关于蚕丛还能说什么?

一下子想起李白那首诗:"蚕丛及鱼凫,开国何茫然!"在下不揣冒昧,也东施效颦说:"蚕丛状如何,回首何茫然!"

也许我是愚鲁,也许我是外行,对其他有关蚕丛的一些问题,确实还有许多疑惑。写在这里作为问题提出,请求读者诸君不吝指教。事实上我的这本书,只不过是学习古蜀历史的浅薄笔记,有许多弄不懂的问题,希望能够得到解决。再次郑重声明,我绝对不是什么专家,大家千万不要误会才好。

关于当时的生活状况,首先就是居住的问题,自来就有争论。在下不才,也来凑热闹说几句。

这个问题是从一本书引起的。据章樵注的《蜀都赋》,引用《蜀王本纪》的材料说:"蚕丛始居岷山石室中。"

这段话流传下来,就成为他的居住状况的主要根据。

在这段话里,"岷山"不用说就是龙门山,"石室"是什么意思呢?

顾名思义,"石室"就是"石头房子"。

那是什么样的"石头房子"?从前人们普遍认为是山洞。是不是这样?笔者联系当时的环境研究,觉得可能是一个误会。仔细分析,有好几个问题。

一、蚕丛是不是住在蚕陵?

问题之一,蚕丛到底住在哪里?

一般传说蚕丛居住在蚕陵关附近,也就是今天的叠溪一带。汉代这里为蚕陵县治,唐代曾经建立丛州,曰"蚕"曰"丛",似乎都和蚕丛有关系。

请看《后汉书》注:"(蚕陵)故城在今翼州翼水县西。"

请看《旧唐书》云:"故城在(卫山)县西……"

请看清人李元《蜀水经》云:"江水又南经蚕陵山。故蚕陵县以山名也,在叠溪营北三里。"

这里所说的翼水县、卫山县,全都是在叠溪。民国初年曾经在这里发现古碑,有"蚕陵"字样,于是学界基本肯定了这个说法。

我对这个结论也不是不赞成。因为从地理形势来看,从松潘附

049

近的阿坝草原进入岷江河谷后，沿江地形狭窄，而这里有较大的支流入汇，地势才稍微开阔，也有黄土高台地分布，适宜居住耕作。如果我是蚕丛，也可能选择这里作为居留地点。

虽然这样讲，心中还不免有些疑惑。

如果真是这样，为什么在岷江上游河谷里，发现了一系列大致可以视为同时代的遗址，而这里至今却没有相关的遗址和文物出土？古蜀时期没有系统的文字，更加没有可信的文献资料，后世文章基本根据传说，不免有误传的因素。不管这些文献所处的时代是西汉、东汉，还是后来的晋、唐，乃至于清代和民国，统统都是以后的时代，跟古蜀时期差着多少代呢。传说固然说得有鼻子有眼，但缺乏实在的文物支持，总还有些令人不放心。

可能遗址还没有发现吧？

可能过去建筑城镇的时候，不小心破坏了吧？

还有1933年那场7.5级的大地震，也可能是毁灭一切的杀手。

但愿是这样，那就能完满解释了。

但缺乏文物证据，总还是一个问题。在下心中不免会冒出一个疑问，除了这个仅仅根据传说就仓促定案的所谓蚕陵故地，还有没有更加使人信服的地点呢？

听，前人说得热闹了，大家都在挖空心思找根据。一些文献资料指出，这里有什么蚕崖关、蚕崖石、蚕崖市等，据说也都和蚕丛有关系。甚至有人说这里的一种石头的形状和花纹像一只蚕。一眼就可以看出，后者不过是后世人的附会。

别的什么文献我不清楚，没有研究也没有发言权。但在石头的形状花纹这一点，我却有百分之百的把握。在这里告诉大家，那一带广泛分布着形形色色的千枚岩、片岩、板岩。在岩层里，厚厚薄薄、层层叠叠的层理之中，的确有许多弯弯扭扭的天然花纹图案，你看像什么都可以。要说这些岩石里的纹路像一只蚕，就像抬头看天上云朵的形状，往往心里想什么就像什么。

顺便奉告一点。这些花纹图案，不是后人的雕刻作品，而是天然的纹理。

再顺便奉告一个事实。这些变质岩的年龄，起码以亿年，甚至十亿年计。那时候别说是人类，连恐龙也没有诞生。几千年前的蚕丛，怎么扯得上关系？

这样的岩石遍天下多的是。如果这就是"钢鞭铁证"，全世界分布同样变质岩的地方，岂不就都有蚕丛的足迹了？冰天雪地的南极大陆和北冰洋边也有，笔者就亲眼在北冰洋边看见过，具体地点在加拿大北方的哈得孙湾，那是北极熊出没的地方，我在那里还经常迎面遇见北极熊。那里的变质岩岂不也都是"蚕"的证据？

二、蚕丛的遗址何在？

问题之二，文献记载中没有蚕丛的遗址。现有的同时代遗址，和蚕丛有没有关系？

在现有的同时代遗址中，以营盘山遗址最值得注意。这个遗址位于茂县旁边不远的岷江东岸，一个地势开阔的高阶地上。

为什么这里地势特别开阔？这要从地质环境说两句，要涉及几个干巴巴的专业术语，实在对不起啦。

因为包括茂县在内，是志留系茂县群，是以千枚岩为主的一套松软岩系分布的地方，岩石容易风化剥蚀。加以龙门山断裂带的后山断裂带紧贴岷江西岸通过，断裂活动更加强了剥蚀作用。而且周边一些支流入汇，水流作用集中。在这一系列的条件下，这里被开辟成了比叠溪更加广阔的河谷，接受了大面积第四系松散堆积物，居住条件更加优越于叠溪。从遗址的规模来看，远远大于岷江上游河谷内的其他遗址，似乎是一个中心聚落。蚕丛作为散居在山中的古蜀族的首领，倘若居住在这里，似乎更加符合他的身份。

思维至此，我就不由自主地产生了一个想法，认为以实际的考古发现为依据，比相信后世文字更加可靠。因为实实在在的考古发掘，可信度毕竟大于发黄的古书。出于这个原因，笔者大胆怀疑蚕丛的居住地点不一定在叠溪，似乎营盘山遗址更有可能。即使这里住的不是蚕丛本人,也可能是和他同时代的部族。

话说到这里,我必须赶紧补充一句,这只不过是一个很不成熟的想法,缺乏实际材料的支持,不能作为根据,仅仅提供给大家来做进一步的研究而已。请千万不要认为这是什么"一家之言",列入本来就很模糊也很混乱的讨论中去,弄得越来越不清楚。

关于营盘山遗址,在下还想说一句题外的话。考古学家认为这是二级台地,也有人说是三级。对这一点,笔者老实不客气地说,这是五级阶地。请相信我的话,这是在下毕生从事的专业中关于河流地貌学的问题。俗话说,隔行如隔山,可能考古界的朋友不够熟悉,发生一点差错,完全可以理解。关于这个问题,涉及一些具体的地质知识,参见前面知识链接板块中的"阶地和台地"。

三、"石室"到底是怎么一回事?

问题之三,蚕丛真的住在"石室"里吗?

这个所谓的"石室"到底是怎么一回事?

有人说,"石室"就是洞穴。君不见,北京猿人、山顶洞人统统都住在洞穴里。从字面理解,蚕丛的"石室"必定也是一样的。

说到这里,笔者就要理直气壮地说几句了。咱们地质工作者脚踏实地,不尚空谈,说的每句话都是实打实的,有充分的事实根据,绝对不是凭想象。

作为一个长期在龙门山中考察的地质工作者,我要告诉大家的是,这一带沿江出露的岩层,主要是古生代至中生代的浅变质岩,以千枚岩为最多。也有一些更加古老的元古界变质岩类,以片岩和板岩为主。虽然也有石灰岩,却全都浅变质结晶化了,绝对不能溶蚀生成常见的巨大溶洞,供人们居住。

请注意,我说的是"绝对",就是斩钉截铁的根本不可能!道理很简单,没有石灰岩,怎么可能生成溶洞?

再说,如果是一个以蚕丛为首的部落,应该有不少人,那得多少溶洞才够住?这里一个溶洞也没有,更加甭想更多的溶洞群了。

可能还会有人说,"石室"不一定是天然的溶洞,而是人工开凿的。

有一篇文章这样说:"由于山高路险,(蚕丛)当然不能像平原居民那样建起'木骨泥墙'的房屋。而是因地制宜,在山崖上凿起窑洞似的'石室'来居住。"

这个说法看来是不熟悉当地的地理环境,不知道岷江河谷里就有地势平坦的黄土高台地,完全不用耗费功夫开凿山崖。既然在一箭之遥的地方,就有可以居住耕种的黄土高台地,完全应该因地制宜地在黄土地上居住,何必非要开凿山崖不可?

再说,偌大一个部落定居,需要挖多少山洞才够大家居住?就算是这样,这些挖出来的山洞在哪里,可以指出来给大家看看吗?

有人会说,蚕丛是从山中来的,当然首先接触山。在没有别的条件下,开凿山洞是可以理解的。

是的,蚕丛率领的部落的确是从西北方的远山而来。但是他们行经的路线却是山中的岷江河谷,不是一座座大山本身。脚下的河谷里明摆着有可以居住的地方不利用,偏要在旁边的山上挖洞,就实在太难令人信服了。

让我们再换一个思路,所谓的"石室",会不会是山崖下面的龛穴呢?

由于岩性软硬不均,在松软岩层分布的地方,经过长期风化剥蚀,常常形成一些凹进去的龛穴,可以遮风避雨,供人们居住。

这倒是可能的。如果说蚕丛真的曾经居住过"石室",住这里倒不失为一个办法。

问题是这样的:天然龛穴在一个地方有多少?蚕丛要是带领的是少数人,如十多人或者二三十人居住,还勉强说得过去。要是带领的是一个人数更多,如上百人甚至更多人的部落,住起来就不太容易了。笔者可以负责地告诉大家,根据我们在这里的野外考察,这种足以供人们居住的龛穴,集中分布在一起,成为一组群落,基本上是不存在的。想象不能代替客观事实。

会不会是蚕丛一个人独居龛穴，他所领导的部落另居别处呢？

这倒是可以的。但是人们不免会提出一个问题。蚕丛作为领导人，抛开群众，独自住在这里干什么？这样脱离群众，他还能身体力行，实实在在地教民养蚕，并领导大家开展生产吗？倘若真的这样，群众还会信服他，跟着他走吗？

以这里已经发现的一些古蜀遗址而言，不管是叠溪，还是营盘山，距离背后的山和对岸的山都很远，必须长途跋涉，其间还要越过一些沟谷，甚至渡河，才能到达遗址所在处。他一个人住在那样远的山上"石室"里，怎么和群众联系？古代不是现代，又不能用手机、对讲机或者无线电指挥群众。

另外还有一个基本事实，在叠溪和营盘山附近的山上，或者其他遗址附近，也找不到那样理想的可居"石室"。不信，请到山中现场看看。进行科学研究，必须脚踏实地。

再换一个思路吧，是不是利用特殊的石材修砌的"石室"？

这倒是可以的！

这里到处分布着变质生成的板岩和片岩，特别是当地常见的震旦系陡山沱组板岩，或更早的黄水河群绢云母石英片岩、石墨片岩、阳起石片岩等。经过风化后，很容易一片片自然剥落，堆积在山坡上，又宽又平，好像是厚薄不一的天生石板。这是非常好的天然建筑材料。

聪明的蚕丛或其他头人，会不会看上了这些天然的石板和石片，指导群众用来搭成特殊的"石头房子"，形成了古书上所说的"石室"？今天在同一个地方可以看见，到处都有用这种板岩和片岩作瓦、石头砌墙的石头房子，这是当地羌族和藏族特有的建筑形式。如果按照一般的说法，古蜀族属于羌族体系，很可能蚕丛就是首先发明这种"石室"的老祖宗。

古时这里还有不少用大石板砌成的石棺墓，即所谓"戈基人"之墓。这些砌墓的大石板，显然也是成层剥落的板岩石板。这种就地取材的特殊房屋和墓室建筑，会不会是古蜀文明的一个特点？

话说了老半天，就是围绕着古书上"石室"二字转。说来说去，不得不使人对这本《蜀王本纪》产生一些怀疑了。

众所周知，这本书早已佚失。我们只能从一些引文中窥见一鳞半爪，谁都不知道原文是怎么写的。明代有一个郑朴，他编辑了一个版本，也不知道是不是完整的原貌。就算是原汁原味的吧，也需要回头考察一下《蜀王本纪》的原作者扬雄其人。

这位大名鼎鼎的扬先生，生活在西汉时代，当然比《华阳国志》的作者常璩为早，似乎更加权威。可是不管早晚，他们都不是真正古蜀时期的人，所根据的材料都不免是听来的"二手货"。要说什么早晚，相差不过五十步与一百步而已。扬雄是浪漫的文学家，想象丰富，文采飞扬，选取素材不一定十分严谨。常璩比较务实，行文简明扼要，有什么发挥补充的，往往都是后人的注释，并非出于他的手笔。所以人们研究古蜀历史，一般都以《华阳国志》为经典。今天我们虽然看不见《蜀王本纪》原书，明代的郑朴却见过，更早的常璩必定也见过。

如果《蜀王本纪》所描述的蚕丛居"石室"可靠，为什么常璩不引用这个重要材料呢？他在文中只有这么一句："故俗以为石棺椁为纵目人冢也。"只提"石棺椁"，不提"石室"，值得人们寻味。

于是，我不得不产生一个疑问，所谓"石室"之说，到底有多大的可信度？让我们相信常璩的判断吧，对这个传说中的"石室"，还是持谨慎态度为好。

当然啰，智者千虑，必有一失。如果同样是后来人的常璩失误了，蚕丛当年的确居住过"石室"，那最大的可能就是就地选材，使用板岩、片岩修砌的"石头房子"。

知识链接

地质时代与地层划分

地质时代划分等级，从大到小，依次是"代""纪""世""期"。与此相应的，在不同时代的地层划分等级，依次是"界""系""统""层"。在一些地方，又把几个"统"合称为"群"。所以在本节文中，志留纪的堆积层叫作志留系，第四纪的堆积层叫作第四系。

【蚕丛与龙门山地震

——这不是"神坛",是一个"天地三界"的模型。
——这不是神话,是真实的地震回忆。

关于蚕丛时期,还能够说什么?

那就是龙门山,那就是地震。

2008年汶川特大地震把大家吓坏了。同样的,古时强烈的地震,也把蚕丛时期的古蜀人吓坏了,留下了一个有趣的证物,且容我慢慢叙述。

古蜀族来源于龙门山脉的岷山中,具有明显的龙门山意识和情结。

你看他们有一个奇怪的习惯,崇拜的不是太阳出来的东方,不是北极星所在的北方,也不是温暖朝阳的南方,而是太阳落山的西方。这就是所谓的"蜀人尚西"了。

为什么他们崇拜西方,对灿烂的晚霞特别感兴趣吗?

不,这是一种怀恋故乡的思想。他们来自西边的龙门山,即使进入平原,也有一种难解的山的情结。

这样的情结表现在一个具体的器物上。那就是三星堆博物馆里展出的所谓"神坛",它最具说服力。

其实,这并不是什么"神坛"。当其出土时,仅仅有部分残件。

作为"神坛"的一部分，俯伏其下的人群，是布置展品时组合添加的，只能算是现代构思的制作，并非原汁原味的原创作品。

可是，从这个所谓"神坛"的本身结构来看，却十分突出地流露出一个观念。仔细琢磨它，似乎应该是当时居住在山中的古蜀族想象中的天地三界模型才对。再进一步诠释，简直就是一个活生生的龙门山地质模型。

是呀，在一些考古学家的眼睛里，它是一个"神坛"。可是在我这个毕生从事地质工作的人的眼睛里，却是一个极其生动的龙门山地质模型，也是演绎山中地震的模型。可能这是因为彼此的专业不同，着眼点不一样吧？这就叫作仁者见仁，智者见智了。大家各有各的道理，说不定都有道理，能应一句殊途同归的老话。

走进三星堆博物馆，瞧瞧这个充满神秘气息的模型吧。笔者以为这不仅仅是对神的崇拜，单纯这样想太狭隘了。说来道理很简单，它不仅有天堂和人间，还有地下世界呢。这是用青铜演绎的一部天地三界的故事。更加重要的是还包含了深刻的地质内容，特别是用生动的形象解译的地震。

你看，上界天堂高高悬浮在几个尖尖的山顶之上。

那几座连绵不断的高山是哪儿？就是古代蜀族生活的龙门山，这是古

【青铜神坛】

蜀人世世代代崇拜的高山之巅呀！此前他们没有走出过大山，他们的世界就是连绵起伏的龙门山。四山相连的山形座象征着连绵不绝的龙门山脉，山上的云纹和峰顶的圆日图形，均形容其山势高耸，是以岷山主峰为代表的高山的真实写照。

在他们的想象中，神仙居住的天国，就在高耸的龙门山的上空里。那里凌驾在人间之上，是想象中的极乐世界。这个上界天堂的结构，清晰反映了山崇拜的观念。表示古蜀族生活在山中的时期，就形成了神灵居于山顶之上虚缈空中的观念。

你看，在这个模型里的人间，上是天、下是地。人们就生活在天堂下、地皮上的龙门山中。

你看，象征大地地平的圆座，竟放在下层地府的两只怪兽身上，给人以地面很不稳固的感觉。请你想一想，如果怪兽驮不住了，轻轻动一下身子，大地岂不就会震动起来吗？

这个设想太奇妙了！这些三四千年前的古人的脑瓜里，怎么会冒出这种念头？真够神奇呀！

要知道，北东—南西走向的龙门山，位于中国地形三大阶梯的第一阶梯和第二阶梯之交，也就是青藏高原最东部边缘和四川盆地的结合部。从地质构造来说，这里是西藏板块和扬子板块的交接地带。从具体的地震构造来说，这里是川西高原巨大的"Y"字形活动性断裂带的一部分。

在这样的地质、地貌条件下，这里发生的强震不亚于任何地方。从地质历史的大尺度考察，山前众多飞来峰的存在，就是强烈地震的证据。

什么是飞来峰？这是一个地质术语，和杭州灵隐寺前那座玲珑的飞来峰不是一回事。这种飞来峰，是由于强烈挤压，使断裂带一侧的一些巨大破碎块体移动到另一侧，所形成的一些山头。

成都平原西侧的彭州、什邡一带，山前有一些孤立的山丘，就是地质时期内，从西边的板块推移到东边板块的结果，移动距离可达数千米乃至数十千米。

这实在太惊人了！无论这些块体是快速推动还是多次慢速蠕动，都必定会造成地壳强烈震动，可以想象当时的地震多么厉害。笔者给它取一个名字叫作"飞来峰地震"，强度当较今天任何地震都大得多，甚至不知胜过2008年的汶川特大地震多少倍，根据就是连一座座山头都被推动了。试问，历史记载和今天眼见的地震，有长距离水平推移山头的吗？

　　当然啰，这种地震发生在人类出现以前，古代的蜀族人不可能看见。但是这却充分表明了，这里是世界上最强烈的地震带之一。

　　从记录近期大地震的小尺度看，这里也有1933年的7.5级叠溪地震，1976年连续发生的7.2级松潘、平武地震，以及2008年8.0级汶川特大地震的记录。

　　俗话说，实践出真知。古代蜀族世世代代居住在这样的地质环境里，肯定也曾经历过强烈的地震。尽管他们还没有总结出科学理论，却用另一种方式表现出了自己的亲身感受。看来当时龙门山中经常发生地震，这些原始先民准是受尽了地震的折腾，感觉脚下的地壳很不稳定，即使神通广大的巫师和部落酋长也无法解释。巫师是什么人，就是原始的知识分子呀！由于他们有一点知识，常常就当之无愧地成为部落酋长。

　　不知是哪一个巫师，在脑瓜里冒出了"怪兽驮着大地"这样一个富于想象力的答案。一次地震不会有这种想法，两次、三次也不能。他们祖祖辈辈必定在山中经历了数不清次数的强烈地震，印象很深很深，无法对脚下大地颤抖的原因作出解释，才会产生这样的联想，制作出这个包含地震消息的神奇的天地三界模型。

　　如上所述，综观这个青铜"神坛"，既是古蜀先民对天地三界的想象，也是积累世代经验做出的独特的"龙门山地质地貌模型"。想象建筑在认识上，认识积累于经验上。没有对龙门山长期的观察体验，不可能做出这样的三界模型。

　　亲爱的读者朋友，你服了古蜀先民神奇的想象力吧？

　　我抬头望着这个古老的青铜地震模型，不由得心服口服了。

想不到在三星堆博物馆里，竟还隐藏着古老的地震秘密！

这样一个由青铜凝固的信息，一下子参透明白，会感到多么有趣！这可是在华夏大地上最古老的地震消息呢。

这不是独一无二的设想。在我国的中原地区，古代人们认为大地是一条大鳌鱼驮着的，如果鳌鱼翻身，大地就会震动，从而发生可怕的地震了。

世界上别的地震频繁的地方，人们也有类似的想象。日本认为大地是鲸鱼驮着的，印第安人认为是海龟驮着大地，都和鳌鱼翻身有异曲同工之妙。

印度的设想更加奇特，请听一位古印度的智者是怎么说的吧。

他告诉人们："我们脚下的大地是三只大象驮着的。它们站在一条巨大无比的鲸鱼背上，鲸鱼在大海里浮游。"

啊，这简直像是叠罗汉，一个驮着一个。这不是牢靠的佛塔和宫殿，而全都蕴含着动的因素。大海不是平静的，经常有风浪。尽管大象和鲸鱼的力气大，驮的时间长了，也难免要轻轻动一下。在这三个环节中，任何环节出了问题，大地都会震动，所以大地震动也就是难免的。

看一看印度的地理位置，了解一下那里的自然环境，就明白这个神话产生的原因了。印度三面临海，北面靠着高高的大山，经常发生地震，所以人们就把地震和大海联系在一起。在这里，陆地上力气最大的是大象，海洋里力气最大的是鲸鱼。人们认为大象和鲸鱼本就是力量的象征，只有它们才能驮起沉重的大地，于是就产生了这个富于想象力的神话。

不用说，这些都是远古神话，猛一看似乎没有科学根据。不过，由此也可以看出，很早以来人们就发现大地会震动了。在古人那里，大地才不是一动不动的呢。在他们的脑瓜里，已经觉得大地并不"老实"了。神话，也包含着原始朴素的科学信息。

话说到最后，也许人们会问，当时发生过几级地震？是不是和2008年汶川特大地震一样，也发生过同样的8级大地震？

这话就不好说了，因为我们手里没有确凿证据，怎么能轻易下结论？不久前，有人根据岷江河谷一个古蜀遗址里埋葬的殉葬奴隶张大嘴巴的遗骸，判定他是一场同样强烈的8级地震的遇难者。由于正式公布了这个看法，在社会里造成了影响。尽管是好朋友，也不得不就此说几句话。朋友归朋友，事情归事情嘛。

首先一个问题，有什么根据以为张大嘴巴的，就一定是地震的遇难者？抗日战争时期，日寇在大同煤矿万人坑活埋了众多的中国矿工。他们的遗骸同样也张大了嘴巴，但这就不是什么地震遇难的结果。所以以为遗骸张大嘴巴就一定是受地震影响的看法，本身就值得怀疑。

其次，确定一次地震的震级，需要许多科学证据。只以张大嘴巴这一点来说，也不可能确定就是和5·12汶川特大地震同样强烈的大地震。更加不能说，同样强烈的地震，从蚕丛时期到现在，有三四千年的周期。地震学是一门严肃的科学，容不得半点想象。特别在地震期间，我们说话更应该十分注意。为了社会稳定，不能随意发表有关地震的言论，哪怕只是猜测和戏说。

知识链接

川西的地质构造带

四川西部地质构造带，乃是一个巨大的"Y"字形。包括南北向的大渡河和攀西断裂带、北西—南东向的鲜水河断裂带、北东—南西向的龙门山断裂带。

龙门山断裂带包含三条平行断层，分别是后山断裂带，又名岷江断裂带，茂县、汶川等市镇坐落其间；中央断裂带，又名北川—映秀断裂带；前山断裂带，又名彭灌断裂带。

蚕丛"纵目"猜想

——他是谁,为什么鼓着两只大眼睛?
——是甲亢,还是别的病?

一、蚕丛"纵目"的种种猜想

来到三星堆博物馆,第一个印象是什么?

就是那个鼓眼睛的青铜面具。

他是谁?

现在学术界几乎一致公认,这就是传说中古代蜀族的老祖宗蚕丛的形象。

《华阳国志》说的"有蜀侯蚕丛,其目纵",说的就是这回事。

"纵目"是什么意思?说白了,就是鼓眼睛嘛。

蚕丛"纵目",到底凸出到什么程度?

请看高高挂在三星堆博物馆的屋顶上,那个怪诞无比的鼓眼睛青铜面具吧。

你看,两只眼睛伸出来,好像是两根长长的竹筒,也像是安装在眼睛上的望远镜。走遍全世界,也很难找到同样的雕塑形象。它出现在众多的和三星堆有关的广告牌、书籍封面、宣传材料、旅游商品上,增添了许多神秘的气氛。人们只要看一眼,印象就极其深刻,这是三星堆的标志性形象。

纵目的蚕丛形象都是这个怪怪的样子吗？那又不一定了。

走进三星堆博物馆里看，不仅有这个长着竹筒状眼睛的青铜面具，还有更多的微微凸目的青铜头像。不用说，这都是传说中古代蜀族的老祖宗蚕丛的形象。瞧着这些形形色色的"纵目"，心里不由产生一些疑问。

为什么他会鼓眼睛？

为什么同一个蚕丛，鼓眼睛的程度有些不一样？

现在就让我们来讨论这个问题。先听一听别人是怎么说的吧。

一般认为，古蜀族是氐羌体系的一支，"纵目"是他们特有的一个体征。这个说法占有绝对主流的地位。如此说来，在这个特殊的种族内，所有的人都应该是鼓眼睛了。

也有人提出不同的看法，旁征博引洋洋大观，从蜀说到了巴。认为建立三星堆文明的鱼凫族，不是从西边岷山里出来的蚕丛的后裔，而是从东边来的，是濮越系统的巴人的一支。蚕丛纵目是朝两边分开的螃蟹眼。巴人祖先廪君的眼球，像舞台上的二郎神杨戬一样竖起来，那才是真正的纵目。

这个说法有问题。鱼凫族并不是从东边来的，他们是古蜀族的一支，崇拜西边的大山，祭神也朝西面，从来就有"尚西"的习俗。《华阳国志》明白记述蚕丛以后，有"次王曰鱼凫……田于湔山"，是生活在今天成都平原西边的山前地带。这表明鱼凫的确是蚕丛的后代，和竖眼睛的廪君拉扯不上半点关系。

此外，还有许多匪夷所思的说法。

有人说，这是一个奇异的种族，来自遥远的高加索。

有人说，这是东亚一个地方的移民。

有人说，这是一个特殊的种族。今天龙门山中平武县的白马藏族就是古蜀族的后裔，是与众不同的"纵目人"。

甚至有人说，地球上没有这样的人，必定是天外飞来的外星人。要不，怎么能够创造出灿烂的三星堆青铜文明？

这些说法其实都没有实际根据，有的简直像是科幻小说。

【纵目面具】

还有人认为,所谓纵目蚕丛,不是具体的人,也不是某个具体的种族,而是古人想象中的神灵。奇怪的青铜纵目面具,只不过是想象中的地府门神的形象而已。屈原在《招魂》篇中描绘"虎豹九关……豺狼纵目",说的是天上有九道关卡,都由长着竖立眼睛的豺狼把守。这个纵目面具就是这样的把关"门神"的形象,而不是古代蜀人的真实形象。这个说法也经不起推敲,因为《华阳国志》讲得非常清楚,明确指出这就是蜀侯蚕丛,"其"目纵。

也有人说,这是"千里眼",它还有一双"顺风耳",表现了身兼巫师的部族头领有超过凡人的本领。这样说,似乎也有一些道理,但是这只不过是一种浪漫的想象。我们不能脱离书里所说的,这是蚕丛的具体形象。一切都应该从蚕丛本身为什么鼓眼睛讨论起。

这些形形色色的"一家之言",究竟谁是对的?

笔者不揣冒昧,也来凑一下热闹。

现在我们需要讨论的只是蚕丛为什么鼓眼睛,这些青铜头像和面具"纵目"现象的真实原因。

二、讨论"纵目"问题的三个先决条件与病理性现象

笔者认为，探讨这一问题，必须注意三个先决性条件。

1. 第一个先决条件，个性与共性的正确区别

《华阳国志》说得十分明白，"有蜀侯蚕丛，其目纵"，接着叙述的三个外迁的"次王"，却没有一个提到这个现象。

让我们从普通逻辑分析，如果古蜀族作为一个种族来说，统统都是纵目，有没有必要专门提其中一个人有这种特异的体征？譬如我们都是黑头发、黑眼睛，有没有必要专门提某一位祖先是黑头发、黑眼睛？如果那样说，岂不是表明我们都不是黑头发、黑眼睛？具有这个特点的仅仅是特殊例证，所以才必须专门一提？

古时候使用的书写材料，从龟甲、竹简，到后来的丝绸都来之不易。即使后来发明了纸，也不会任意浪费。所以行文必须言简意赅，决不会这样画蛇添足，专门在蚕丛后面加上"其目纵"三个字。

其实，只要具有起码文化水准的人，谁不知道这句话里的"其"，就是"他的"意思。

噢，这岂不明明白白指出，只有蚕丛本人的眼睛是鼓出来的吗？

由此可以判定，书中所说蚕丛纵目只是个体现象，和整个种族群体没有关系。即使范围扩大一点，也至多是蚕丛居住在岷江上游时期，当时当地的小群体现象而已。随着其后几个次王一次次搬家，最后搬到山外的成都平原，整个种族群体内就基本不存在这种现象了。

明白这样的道理就好办了。我们就可以集中精力，针对蚕丛时代进行探讨，为什么当时当地会产生这种现象。

2. 第二个先决条件，表现手法的差别

讨论这个问题，应该正确认识头像和面具的差别。其实，这是现实主义和浪漫主义手法的不同表现。

注意观察青铜头像和面具，纵目程度有很大区别。三星堆博物

馆里的青铜头像的眼睛只是微微突出,即便在青铜面具中,也有眼球并不太凸出的,和一般的头像相同。眼睛像竹筒一样极其凸出的那个面具,只是个别现象。

这是怎么一回事?

我们应该正确认识到,头像是以现实主义手法如实塑造的,所以眼球的凸出的程度不大。面具则是一种典型的浪漫主义手法,为了突出某一特征而特别夸张。二者的性质有极大的差别,不可以混为一谈。

3. 第三个先决条件,整体与局部的关系

我们研究一件事物,必须全面观察。不能像瞎子摸象一样,只从局部现象下结论。

三星堆青铜头像仅是蚕丛形象的一个部分,要想弄明白他的这种特异外形产生的原因,还必须对其整个身体特征进行全面观察、分析、研究。三星堆遗址出土的一个青铜大立人像,是最理想的研究标本,也是大家公认的蚕丛本人的形象,这就好办了。

4. "纵目"病理性现象推论之一——甲亢?

请看三星堆博物馆里那个青铜大立人像吧。

它的眼球凸出,脖子肿大,身材消瘦得好像一根棍子,给人很深的印象。

请问,这是什么现象?

猛一看,这不就是甲状腺功能亢进的三大鉴定性的体征吗?

这是最普通的生理医学常识。看了这个全身像,很可能许多人都有这样的感觉:啊,这太像一个甲亢病人了!

如果有这样一个人走进医院,医生只用看一眼,可能就会十拿九稳判定他患了甲亢。如果三星堆遗址里挖出来的鼓眼睛青铜头像和青铜大立人像,真的就是蚕丛本人,说他患有严重的甲亢,没准儿真是这么一回事呢。

有一次,我在三星堆博物馆宣讲这个观点,后面一些听众忽然鼓起掌来。一问,原来是西安来的一些医生。

另一次,我约请了一批美国、墨西哥的医务工作者,前往三星堆"会诊"3000多年前的"病人"。

他们感兴趣地问:"是不是木乃伊?"

我告诉他们:"不是木乃伊,跟我去看吧。"

我把他们带到这个青铜大立人面前,让他们看了。他们也异口同声地说:"这就是甲状腺功能亢进。"

针对我这个怪论,一位考古学家也说:"这话有一定的道理。原始时期的巫师,往往就是神经质严重、善于装神弄鬼的人。甲亢患者就有这个特点。"

当然啰,这只是一个猜想,就算是科幻小说吧。由于缺乏进一步的证据,我也并不坚持。胡乱猜一猜,活跃气氛而已。

5."纵目"病理性现象推论之二——地方性甲状腺肿大?

如果抛开这个特殊的体征不说,就算不是甲亢,会不会有别的可能性?

我想,还有一个可能,是不是地方性甲状腺肿大?

这种病主要表现为脖子肿大。虽然也有一些人眼球凸出,却不一定都是这样。如果属于前者,也具有眼球凸出的病理现象。所谓"蚕丛纵目",很可能就是当时当地的一种地方病。

说到这里,人们会问,有证据吗?

有的!以当时的食盐为证。

根据《华阳国志》可知,蚕丛住在岷江上游汶山郡,就是今天从成都经过都江堰,到黄龙寺、九寨沟途中的岷江上游河谷地带。

古时候生活在这里的人们怎样过日子?

《华阳国志》里透露了一个非常重要的信息,明白记述这里"有盐石,煎之得盐","土地刚卤,不宜五谷"。

《后汉书》又描述这里"地有咸土,煮以为盐"。

这两本书都十分清楚地记载了,当时这里的盐是怎么来的。

请注意"盐石""刚卤""咸土"三个词,道破了当地的地球化学性质,是碱性很重的岩石和咸土。

关于这个问题,我们地质工作者最有发言权。在下可以负责地告诉大家,我自己就曾经在这里沿江普查,手提着地质锤一处处敲打,观察一层层岩石的岩性,这绝非随意猜想。如果谁以为在下的功底不够,还有其他地质队实地绘制,作为国家基本图件、正式出版的地质图为证。

当地所谓的"石",就是沿着岷江河谷出露的岩石,主要是古生代至中生代的浅变质岩,以千枚岩最常见。也有一些元古界变质岩,以板岩、片岩为主。不管什么时代的岩层,各层都明显缺碘。

当地所谓的"土",主要是披盖在地表的一层黄土,叫作松潘黄土,也是缺碘的土类。

不用说,用这样的岩石和黄土煎煮出来的盐,必定严重缺碘。长期食用这种劣质盐,不患甲状腺肿大才是怪事了。

说到最后,还应该向大家报告,直到今天走进此处的山里,脖子下面吊着"猴儿包"的人,仍然几乎到处都可以看见。如今已经有含碘的食盐运进山,居然还有这么多的患者,古时候蚕丛时代的情况会是什么样子,更加不难想象了。

为了落实这个问题,笔者曾向防疫部门的专家咨询。他们明确回答说,今天岷江上游一带是地方性甲状腺肿大和甲亢高发区之一,而在三星堆、金沙等遗址所在的广汉、成都一带的平原地区,却是同样地方病和甲亢的低发区。据此与《华阳国志》对照,书中仅仅说蚕丛"纵目",后来迁移异地的"次王"们不再提这个现象的玄机就非常清楚了。说白了,这就是环境影响的结果。同一个部族生活在山中,长期食用缺碘盐,产生了这种特殊的地方病。环境改变后,消除了病源,这个情况自然也就会逐渐消失了。

6. "纵目"问题的结语

我的话说完了。说了这样一大通,必须立刻申明:尽管这个说法似乎有一些道理,但是我毕竟是门外汉,也不懂生理学,蚕丛"纵目"也可能还有别的原因。这个说法没准儿是自己的猜测。

回过头来想，我们看寺庙里许多神像也鼓着眼睛，即所谓的"金刚努目"，难道都是"甲亢"吗？这就是一种特殊的艺术表现手法。

我在本书前面就讲过，研究一个问题，必须坚持严谨的科学态度、严谨的科学方法，敢于设想、敢于怀疑、敢于认错。自己放开了思想，还必须认真怀疑自己，最后证明错了，就毫不犹豫公开认错。今天我这样宣讲蚕丛"纵目"问题，似乎有一些"歪歪道理"。但自己的把握也不是太大，并隐约意识到，这其中可能存在思想方法错误，以及基础知识贫乏的问题。只要我认识到了，一定承认自己的无知和浅薄。这只是一个肤浅的设想，我并不坚持这个观点，请千万不要当成是什么"一家之言"。我的这种设想，只不过是为了活跃一下思想而已。

总的来说，我还是赞成古蜀族是氐羌体系的一支，"纵目"乃其一个特殊的体征。只是有些想不通，为什么《华阳国志》仅仅指出蚕丛纵目，其余次王绝口不谈？并对他们的食盐来自当地岩石、土壤的情况，联系我所熟悉的地质状况，提出自己的看法。但可能是《华阳国志》本身就有错，或者我误读了，二者都有可能，请大家给我指点迷津。

最后还要申明一句，我所说蚕丛可能有甲亢或地方性甲状腺肿大，仅仅是就那些微微凸目的青铜头像而言，绝非那个把眼睛夸张为竹筒状的青铜面具。我早说过了，那是浪漫主义的夸张，和现实主义手法塑造的头像不一样。一位考古学家批评我说："我倒要看看，吃多少劣质盐，眼睛会鼓成那个样子？"那是没有仔细看我的文章，从而产生的小小误会。敬请读者诸君明察，也多多指正。谢谢！

古蜀文明第二乐章
——柏灌畅想曲

飞鸟时代,"暗星"柏灌

——谁是柏灌?这是一个人,还是一个部落的名称?
——星星就是星星,为什么是"暗"?
——为什么叫"飞鸟时代"?他们是变成鸟儿飞,还是骑着鸟儿飞?或者像鸟儿一样远走高飞?

古蜀文明的第二乐章,柏灌出场了。

柏灌是谁?

要知道他的身份,还是看看最权威的《华阳国志》吧。

在这本著作里,关于柏灌,仅仅有区区五个字。

书中是这样写的:"有蜀侯蚕丛……,次王曰柏灌。次王曰鱼凫。"

在这段话里,透露给我们什么消息?

这只不过是古代蜀王的先后关系。

在这个排序中,柏灌位于蚕丛和鱼凫之间,是居于"古蜀先三王"中第二代的一个"次王"。除此而外,在这本被奉为古蜀文明的经典著作中,就再也找不到关于他的任何记载了。

翻开古蜀文明的历史,柏灌时期几乎是一片空白。

关于他的介绍实在太少了。也许正是由于这个原因,所以他显得神秘兮兮的。

为什么他这样神秘？

因为作为开山始祖的蚕丛太神圣，创造了三星堆文明的鱼凫时期太辉煌，所以掩盖了中间这个"次王"柏灌吗？

会不会还有另外的原因？

蚕丛居住在岷江上游河谷，鱼凫定居在成都平原北部，并营造出灿烂的三星堆文明，二者都有自己的定居地点。

中间的柏灌在哪儿？既不住在龙门山背后的岷江上游河谷，也不在龙门山前面的成都平原。不在山后，也不在山前，当然就应该在二者之间的龙门山里活动才符合逻辑。很可能就是由于重重叠叠的龙门山中太隐蔽，更加可能是他根本就没有稳定的定居点，处于不断搬迁移动的过程中，所以才没有什么消息流传下来。

这位"次王"这样神秘，就连长期生活在蜀地的大诗人李白，似乎也忘记了他，所以才满怀思古幽情地吟咏道："蚕丛及鱼凫，开国何茫然！"全然无视中间曾位列"次王"的柏灌，不给他半点地位。

柏灌这个人非常神秘，有好几个名字，有的书上又叫他柏濩，或者柏雍。

他和蚕丛、鱼凫一样，也是一个具体的人物吗？

有人提出不同的看法。根据就是字形里带着一个"隹"，于是产生了疑问，"隹"是什么意思？

翻开字典看，"隹"就是"短尾巴鸟"。

人，毕竟是人。总不能把一个堂堂"次王"，当成是"短尾巴鸟"吧？所以就有人怀疑，柏灌可能不是一个人，而是一个以鸟为名的部落。

如果有人多问一句，到底是什么鸟呢？

呵呵，这是考古学家"发明"的鸟，谁也没有见过，难倒了世界上所有的鸟类学家。干脆就说是柏灌鸟吧。不管什么鸟吧，反正是鸟就得啦。古蜀历史从坐守在岷江河谷里养蚕、种庄稼的蚕丛时代，进入这个新的历史阶段，"鸟"本身就是它最好的象征。日本古代史里有一个飞鸟时代,这也算是一个中国古蜀的奇特的飞鸟时代吧!

难道不是吗?高飞的鸟儿,展开翅膀飞得远远的,岂不就是柏灌时代最好的注解?

难道不是吗?鸟儿飞得高高的,不管多高的山墙也没法阻挡,岂不是柏灌离开故土翻山远行最好的说明?

蚕丛和鱼凫是天空中的明星,位于其间的柏灌则是一颗暗星。

他缺乏记载,所以容易被人忽略。

他的光线黯淡,所以更加神秘。

人,总容易被神秘所吸引。空白,往往就隐含着另一个丰富的空间。

我读古蜀历史,特别注意这一颗黯淡的星星。

我读柏灌,在无字的空间里,悟出了无穷的内涵。

柏灌时期是古蜀文明的第二乐章,也是一段离乡背井的艰苦流亡史。他的黯淡,就是在于流亡,在于缺乏定居积累的光芒。

散光,总是不及聚光更加灿烂。这就是柏灌默默无闻,不为后世人知的原因。

不过,柏灌时期是古蜀文明承先启后的重要环节。没有这个中间的接力棒,就不能衔接前后断落的篇章。没有这个模糊黯淡的阶段,就没有往后灿烂的青铜文明。

红花还得绿叶衬托。招摇的花枝、擎天的树干、庞大的树冠,都需要深藏于地下的根系补给营养。

柏灌就是绿叶,就是树根,是一位上古蒙昧时期的无名英雄。

默默无闻的柏灌,我喜爱你,我敬重你,我歌颂你。在我的笔下和心目中,绝对不会忘记你。对我们来说,其实重要的并不是一个具体的人,而是以他为代表的一个时代。

艰巨的"气候移民史"

——常言道，出门看天色。这个灾变气候期里的"孩儿脸"，实在不好看。
——你知道吗？几千年前有一场"气候大移民"。
——气候鞭子下的民族大迁移，赶着黄帝集团、炎帝集团往东搬迁，也赶着古蜀先民出了山。

一、"气候大移民"的前因后果

要说柏灌，首先得说古蜀族的迁移。

常言道，故土难离。古蜀族在山里住得好好的，为什么要抛弃故土搬出山，到山外的成都平原去生活？

这是生活环境变化了，逼迫着他们不得不搬家。

话说到这里，我不得不暂时抛开眼前的话题，重新说几句有关第四纪古气候的发展进程。只有懂得这个发展规律，才能帮助大家真正读懂古蜀族和其他一些远古民族的朦胧历史。

这不是故意重复，拖沓文字，而是考虑到读者不是第四纪地质学的专业人员，可能忽视或者忘记这个问题。重点必须时时提及，才能帮助广大读者更好地理解真实的古蜀历史。《诗·大雅·抑》曰："匪面命之，言提其耳。"事情必须时时提醒，方能志而不忘，就是这个道理。

噢，要再说一些干巴巴的地质术语了，不知亲爱的读者是否认同。

我明白，这里毕竟不是地质科学的课堂，不能肆意宣讲。我尽量说得浅显些吧，希望读者不要厌烦，一下子就把下面一段跳过去。既然要认真研究古蜀历史，就得补充一些必要的知识。请把这颗包裹着糖衣的科学药片慢慢咽下去，好吗？虽然前面已经说过了，但这次就算饭前、饭后各一片。"日服三次"才能解决问题嘛，也算是加深印象吧。

我在前面讲述蚕丛时代已经说过，第四纪晚更新世末次冰期结束以来，不是一下子就转变为温暖的间冰期。好像严寒的冬天过去，不是马上进入炎热的夏天，而是要经过那"孩儿脸"似的春天，天气会时时变化，冷一阵、暖一阵，夹杂着一个个"倒春寒"，最后才慢慢过渡到稳定的夏天。

一年之内的季节变化如此，放大了时间尺度看，冰期和间冰期不断交替的第四纪期间，也有同样的"季节"变化。从冰期的"冬"到间冰期的"夏"，中间也有"孩儿脸"似的一个个"哭"和"笑"的变化。近万年来的人类历史，就是生活在这个"哭""笑"变化不定的阶段中，从而演出了一幕幕辉煌与悲怆的戏剧。

我在前面已经一再强调过，第四纪冰后期的气候变化周期，大致以2500—3000年为单位，是一个冷暖干湿反复交替发展的过程。约7500年前开始的第四纪全新世大西洋期，那个蒙昧的黄金时代，到了4500年前左右气数已尽。原本笑嘻嘻的"孩儿脸"，开始露出了哭相，生活其间的人们也不好受了。这时候，温湿气候逐渐结束，开始进入一个全球性的灾变气候阶段。这就是令人谈虎色变的全新世亚北方期。

读者诸君，请你密切注意，这可不是一个地方性的问题，全球无一例外都在它的控制下。有道是寰球同此凉热，在我们这个小小的星球上，能有什么角落可以躲避？古蜀族活动的巴掌大一块地方，能够逃脱它的影响吗？

在这个全球性古气候急剧变化的时期,地处中纬度的我国受影响特别深。尤其是位处大陆腹心的西部高原高山地区,由于远离海洋,接近世界屋脊青藏高原,古气候的演变较世界各地有过之而无不及。

这时候高山冰川开始活动了,产生了小冰河时代。天气变冷了,也变得很干燥,脆弱的原始农业受到严重打击,许多地方无法继续种植庄稼,再也不能熬下去了。惹不起,躲得起,于是开始了一场部族大迁移。

请注意,这是一场空前未有的大规模迁移活动。在古气候剧烈变化的鞭子驱赶下,我国许多原始部族先后离开原来的活动区域,纷纷由西向东搬迁。

这时候,西北黄土高原的黄帝集团、炎帝集团,分别渡过黄河,越过太行山,进入华北平原,与北上的蚩尤集团发生冲突;然后黄帝集团和炎帝集团又自相争斗,在太行山下的华北平原上摆开战场,发生了三次史前"世界大战":第一战,炎帝与蚩尤战于太行山东侧平原的"涿鹿之阿",炎帝战败,求救于黄帝;第二战,黄帝与蚩尤战于平原上的"涿鹿之野",黄帝取得了胜利;第三战,黄帝与炎帝战于阪泉之野,最后确定了黄帝集团的领导地位。以后,黄帝集团又接触了东方的太昊、少昊集团。此外,西羌的夏后氏集团也从别道进入中原地方。各个部族展开了一场极其宏伟也极其重要的浩浩荡荡的大移民。中华民族的大融合,就在这个时期。

一个个部族从大西部进入大东方,在矛盾冲突中,逐渐融合形成伟大的中华民族。我给大历史的这一幕取一个名字,叫作"气候大移民"。凡此种种,众所周知,用不着——赘述。

紧邻四川盆地的青藏高原东部也不例外,许多地方都发生了冰川前进的现象,请参看笔者在前面列出的一张时代表就一目了然。在这个大背景下,特别是距离岷江上游古蜀族居住地方很近的贡嘎山、四姑娘山的冰川也加强活动,形成了"小冰河期"。受这个严酷形势的影响,生活在岷江上游河谷里,距离冰川前缘不远的古蜀族也不能熬下去了，没法在原地种植庄稼，只好被迫向东边的龙门山迁移，在山中一步步退让，慢慢向山外移动。

这就是严酷的大自然环境变化，在人间造成的结果。请尊重自然，相信科学，牢牢掌握古气候发展的基本知识。古蜀族外迁并不是由于战争、瘟疫、宫廷斗争以及其他的原因。冥冥中，自有大自然控制一切。

二、古蜀族移民的带头人柏灌

古蜀族移民的带头人是谁？

带领人们外迁的，就是那位蚕丛、鱼凫之间的"次王"柏灌。

西汉学者扬雄说："其民亦颇随王化去。"

请注意一个"去"字，说的就是这回事。"王"就是柏灌。请仔细把玩这句话，不就是柏灌带头的一场悲怆的移民史吗？

这是在灾变性气候面前，不得不流亡的人群。所以我取一个名字，是一种特殊的"气候移民"。

后来的鱼凫时期，随着洪水一次次冲破城堤，古蜀族在成都平原上一次次重新建城迁移，又可以称为"洪水移民"。

我们几乎可以这样说，整个古蜀时期，直至富有治水经验的开明族介入为止，就其本质而言，就是这样一部受自然环境变化影响的特殊移民史。大致到2500年前，古气候又进入一个新的"黄金时代"亚大西洋期，古蜀族情况才稍微有一些转变，进入稳定的金沙时代。

从这样的情况看来，主要的力量是冥冥中的"气候面孔"的转变。要不，后来只靠开明这个"贤王"的力量也不行。

让我们回过头来，再说柏灌带领众人出山吧。

说起古蜀族出山，人们常常想象是一个非常简单的过程。在首领的带领下，扶老携幼呼隆隆一下子就搬迁出去了。好像我们搬家，找一个搬家公司，一车就搬到新居。

其实，并不是这样一回事。因为他们是在"气候鞭子"下被迫迁移的，气候演变得很缓慢，所以他们并不是一下子就搬得远远的。而是以世代为时间单位，整个部族在途中走走停停，经历了许多世代才最终完成。

他们到底在什么时候才搬出山？

一直到鱼凫时期，这些移民才在湔江出口处走出了龙门山，进入宽阔平坦的成都平原，揭开另外的生活篇章。不用说，其时间跨度就是在古蜀族历史中，蚕丛至鱼凫之间的整个柏灌阶段。

为了更清楚地说明这个问题，让我们做两道简单的数学题吧。

第一道题，柏灌翻山走了多少时间？

我们在前面说过，大约在4500年前，大自然进入了一个全球性的灾变气候期。由于这个原因，迫使包括岷江上游的古蜀族在内，中国西部部族大规模向东部移民。从以宝墩遗址为代表的成都平原南部各个古城来看，古蜀族东迁开始的时间基本上是在大约4500年前。假定成都平原北部的移民在柏灌的带领下，也开始于这个关键性的时间，再看三星堆的青铜文明开始的阶段在大约4200年前，就很容易计算出中间空出的300年。

这个300年，大致就是柏灌翻着山走的时间。

第二道题，柏灌翻山行进的速度是多少？

在地图上量出山那边的岷江上游河谷，和这边的龙门山镇之间的直线距离，仅仅20千米左右。

300年走20千米左右。如果按照平均速度，一年只有66米多一点，一天只有大约0.182米。

这简直是蜗牛爬行的速度呀！原始时代的先民健步如飞，怎么可能这样慢吞吞？

这说明了什么？岂不正表明了他们不是一次性翻过，而是以世代为单位，在山中走走停停；而且在一个地点停的时间比走的时间多，迁移十分缓慢。

从这个角度讲，柏灌时期乃是与古蜀其他时期不同的一个另类阶段，是以迁移为时代主线的，和蚕丛时期的营盘山遗址、鱼凫时期的三星堆遗址、开明时期的金沙遗址,所有这些时期的定居方式都不一样。

敬请大家注意,这是古蜀历史中,动态和静态的不同生活方式,研究者必须明察才好。

我在这里又提出了"动态"和"静态"两个观念,请读者诸君密切注意,仔细品察其中的深刻含义。

请再注意另一个有趣的事实。在岷江上游河谷里的营盘山遗址附近,有许多距今2500多年前,春秋战国时期的石棺葬,以及其他后期的墓葬,全都属于又一个温暖潮湿的亚大西洋期,山中唯独缺乏灾变气候横行的亚北方期遗址。岂不从另一个侧面,显示在这个空白的时期内,古代部族大多迁移出山的事实?进入古气候环境的另一个新"黄金时代"后,也就是相当于金沙遗址和春秋战国时期的亚大西洋期,似乎才重新有一些部族进入这里。

出山的路线

——是"穿",还是"翻"?是顺流而下,还是翻山而过?

古蜀族是怎么出山的?

从前一个流行说法是顺着岷江而下,一直走到都江堰出山。

真是这样吗?我琢磨来琢磨去,觉得事情并不这样简单。

在前面已经说过,三星堆博物馆里,有一个表现天地三界的青铜"神坛"。我久久伫立在它面前,越看越觉得很不平常。

这不仅是一个活生生的"龙门山地质地貌模型",还表现出浓烈的龙门山意识和恋山情结。

这个模型是什么时候形成的?

仅仅是安居岷江河谷里的蚕丛时代吗?

不,似乎也应该包含在山中迁移的柏灌时代。

如果没有漫长的山中生活经历,经受了无数次地震,怎么能塑造出这样形象生动、包含地震现象的地壳结构模型?这岂不也从另一个侧面印证了,柏灌在山中断断续续停留和移动的时间很长,绝非一下子沿着岷江河谷顺流出山的?

三星堆博物馆里,还有一个特殊的"羊龙"青铜模型。它的身子是羊,后面却拖着一条长长的龙尾巴。稍有动物学知识的人,就会进一步鉴定出,这是一只不折不扣的岩羊,是我国西部高山常见的野生动物。

我们进行科学研究,对这个标本,不能停留于对"羊龙"描述的水平,满足于神话式的解释。而应该把神话恢复为科学,从中探讨当时的自然环境特征才是正理。

这可奇怪了。传说中的龙,大多是鳄鱼、马和其他动物演化而成的,全都具有某种神奇性质,怎么可能是温顺的羊变成的?

这是高山生活特有的想象结晶。必定是这种动物给予了古代蜀族很深的印象,才会产生这种想象。岩羊生活在高山上,而不是在岷江河谷内。如果古蜀族仅仅居住在深谷内的营盘山一带,没有真正的高山生活,绝对不可能将在崖壁间跳跃如飞的岩羊,想象为神圣的龙。

够了,所有的一切都说明一个问题,当时包括柏灌在内的古蜀族,一定具有长期在高山生活的经历,才能建立起根深蒂固的龙门山意识。三星堆遗址出土的那个所谓"神坛"所表现的观

念，必定就形成于在山中长期居留的时代，而不是进入平原后的三星堆人的凭空想象。

在下这样说，是不是有些强词夺理？人们会讲，岷江河谷就是沿着一条断层分布的，这里也是强烈的地震带。前面所说的地质地貌情况，在这里照样也能够感受到。如果上山活动，也可以见着岩羊，为什么非要认定是长期在山中生活的经验和体会？

这话也有一些道理，但是还有一条更加重要的理由，和"地震模型""羊龙"相互配合，就值得人们深思了。这就是青铜器、玉器、金器的原料来源的问题。

说起这个问题，话就多了，需要另辟一节专门讨论，这里暂时按下不表。恳请读者诸君耐心等待，接着看完下面两节，再转入这些原料来源的讨论，算是笔者设置的一个小小的悬念吧。侦探小说有悬案，科普读物为什么不能？

龙门山，一堵漏风墙

——别信李白的话，别信《三国演义》，龙门山并非"难于上青天"。

——跟我来吧，有一条秘密小路在面前。

一、两条出山的路

柏灌是怎么出山的？好像已经有定论了。

瞧，许多书上都说是沿着岷江河谷出山的，难道还会有别的出路吗？

当然还有啊！

朋友，请不要像和林冲交手的那位教师爷一样，大咧咧拍胸口，把话说得那么绝对化。认为除了沿江而下，再也没有别的途径。

以笔者浅见，古蜀族出山并不是只有一条路线。他们迁移的路线其实非常清楚，一条沿岷江河谷而下，一条就是翻山。沿江而下不用多说，笔者要在这里说的是翻山的可能性，以及具体的路线。

沿江而下的带头人不知是谁。翻山而过的带头人，笔者以为就是柏灌。

话说到这里，需要讨论一下翻过龙门山的可能性。

在一些考古学家的眼里，似乎认为巍巍龙门山乃是一道不可逾越的屏障，认为翻山之说乃是无稽之谈。按照他们看来，古蜀族要出山，仅有沿江一途；耗费力气翻山，哪有顺流而下方便。

在下并不反对这个意见，要提醒的仅仅是事物具有复杂性，不能想得那样简单。

首先要说的是，龙门山并非某些先生想象的那样不可穿过，其实几乎处处能够通行。与其说它是隔绝东西的一道山墙，不如说它是一道漏风墙，才更加符合真实情况。

在下不想在这里引经据典夸夸其谈。说对了，威风八面；说错了，也有"前人"作挡箭牌，损伤不了自己半根毫毛。或者以"一家之言"解脱，世人无奈我何。

闲言碎语休讲，就来实在的吧。试看法庭判案，重事实，讲证据。如果没有证据，只凭律师两张嘴皮上下翻飞，是赢不了官司的。

在下握有确凿的人证、物证，信心十足，就来应付这场学术官司了。说得不对，就请批评。我错了，一定老实低头认错，也算长了一点儿见识，一点儿也不丢面子。

二、龙门山可以穿过的人证和物证

人证之一，原四川大学教授任乃强先生。

任老先生已经作古多年，不能出庭作证，谨录先生的《蚕丛考》一段如下："蜀地与华夏之原始交通，原本以岷江上游河谷为媒介。绵虒（故茂州旧名）与蚕陵，为其枢纽。蚕陵以上，大体平易。故王莽改名步昌。蚕陵以下，河谷深狭，岸道险窄，至绵虒乃略开展，多农地。故秦县止于绵虒。绵字，古为茧絮之义。亦与蚕丛文义有关。自绵虒东踰土门关（今地名），仅一浅岭（属九顶山脉凹部），循湔水（海窝子之白鹿河）而下，至瞿上（彭州市北之关口，《元和志》指为天彭门），穿短峡而出山，入于成都平原之郫邑。此蜀王柏灌、鱼凫由蚕陵渐迁入蜀农业地带之道路也。"

任老先生考古特别强调身体力行，走出书斋进行实地考察。这段话是他的文章中的一段，既是人证，也是书证，不知学术法庭可否接受？

请注意，他在这里说的分水岭所在，仅仅是一个"浅岭"。"浅岭"者，一个不算太高太险的山垭口也。只要翻过这个垭口，就能顺利进入另一侧了。

人证之二，彭州龙门山镇（原名白水河镇）宝山集团党委书记贾正方。

贾老先生原来是地质工作者，世代居住在当地宝山村，对地方情况非常熟悉。他本人就曾经从当地翻越过龙门山，进行深入考察。

据他亲口向笔者陈述，从东向西翻山路线如下：从宝山村一直向西，经过半截河、燕子洞、黄泥坡、乱石岗、三岔河、四十里潭、红龙池，至海拔4300米的头岗，绕过海拔4800米的轿顶山，穿越分水岭，继续顺坡而下，向西经过干龙池、二十四个和尚头，越过另一道山岭九顶山，再顺坡而下，经过菜园子、干乡至南兴，就到达汶川以上24千米处的岷江河谷了。

人证之三，彭州龙门山镇宝山村一个村民。

2007年夏，笔者与四川省科普作协主席董仁威在当地考察时，正好遇着他肩负着沉重的木材，沿着一条山路而下。

他说："这条路可以直通汶川。新中国成立前就是鸦片烟贩子的走私路，现在照样走得通。"

物证之一，四川省第二区域地质调查大队填制的1:20万茂汶幅地质图，以及工作期间绘制的1:5万实际材料图。

话说到这里，需要解释一下，什么是实际材料图？

这是一种基本地质图件。咱们地质队员干工作都是脚踏实地，决不空口说白话。在野外工作中，必须根据每日实际工作状况，经过实际测量，在图上标绘出行进路线、观察过的地质剖面和划分地质界线、采集标本等的具体地点。根据不同的比例尺，有一定的误差允许范围。如果是大比例尺的地形图，不会超过几米。为了上级检查和后人追寻，每个地点都必须用红油漆在岩石上一一编号，同时记录在册，来不得半点马虎。当年地质队员们踏遍整个龙门山脉，无处不有他们的足迹，否则怎么可能填绘出这张地质图？

顺便说一句，根据不同大小的比例尺，地质填图有严格的精度要求。规定在每平方千米范围内必须观察测量几个点，绝对不能含糊。地质填图的要求，不仅是"线"的穿越，还必须有"面"的控制。不管地形条件如何，必须按照规定均匀分布，布置若干个观察点，一个也不能减少。所以实际材料图上的观察点密如蛛网，遍及各种各样的地形。从这一点来说，龙门山内几乎没有一个角落，没有留下地质工作者的足迹。

从地质图和实际材料图可见，龙门山绝对不是不能进入、不能穿越的一堵密不透风的山墙。山中到处遗留有地质队员密密麻麻的红油漆编号，就是雄辩的证据。哪位先生不相信，拜托您高抬贵足走进去看一看，便能洞悉一切。

物证之二，当地卫星照片和航摄照片。

在这些照片上清楚可见，尽管龙门山莽莽苍苍，由多列山脊组成。可是在分水岭上，却有一条条沟谷切过了一道道山脊，一边连接山内岷江河谷，一边直通山外的大路。

物证之三，包括1:5万、1:20万的各种比例尺的地形图。

这是测绘队员搬着沉重的仪器，一步步走进山中实地测绘出来的。从这些地形图上，可以清楚察见在直线距离汶川县城约3千米处的地方、11千米处的文镇、18千米处的南新村等地，都有一条条比较宽阔的沟谷，好像是天然的道路网，可以直通山内，一直到达紧靠大宝铜矿的分水岭。穿过任乃强所谓"浅岭"的山垭口，就可以沿半截河而下，直达今天的龙门山镇了。其中一条山路，至今仍然畅通无阻。

物证之四，由文镇沿沟而上进入龙门山腹心地带，还有若干可供居住和开垦田地的地方。至今那里还有一个利谷村，有山民在此耕种。

物证之五，龙门山中现有许多公路穿越，包括茂县至北川、松潘至平武、青川至昭化等线。其中茂县、北川间的公路最接近柏灌翻山路线，并非陡峭得不可想象，沿途可见多个四面山岭环绕的洼地，都是原始部族可以停留的处所。

物证之六，山中的若干地名。

要知道，许多地名都反映了当地的自然和人文特点，让我们进行地名学的研究。仅仅从这条翻山路线上的地名来看，就有"村""乡""菜园"等和聚落、生活有关的地名，还有"河""潭""池"等有水的处所。根据这些地名分析，龙门山内似乎也有许多适于居住的处所，并非荒凉不毛的地方。

2008年汶川特大地震前，彭州市交通局策划了一条翻山的彭汶公路，从彭州龙门山镇至汶川，全长42.5千米，沥青路面宽9米。这条计划中的公路，除了在分水岭处开凿一条隧道外，统统行进在地势并不算太高的山谷中，一般海拔只有1000米左右。沿线沟渠纵横，水资源十分丰富。这是成都到九寨沟的一条捷径，不仅避开了都江堰和汶川之间经常发生山崩、滑坡、泥石流等地质灾害的地段，也比经过都江堰入山的传统路线近好几十千米。

值得一提的是，这是岷江上游河谷和大宝铜矿之间的一条古道，也就是笔者以为的当年柏灌出山的道路。

这些证据够了吗？如果不够，还可以继续提供。

三、李白和《三国演义》的误导

龙门山怎么不能穿行？是浪漫的诗仙李白，遮蔽了人们的眼睛吧？

你听，大诗人说什么"尔来四万八千岁，不与秦塞通人烟"，讲什么"黄鹤之飞尚不得过，猿猱欲度愁攀援"，最后得出了"蜀道之难，难于上青天"这样无可奈何低头叹息的结论，千年以来不知唬住了多少人。

飞鸟飞不过，猴子翻不过，不知是什么模样的山？难怪人们会以为是一道不可逾越的山墙。要知道,"世界屋脊"喜马拉雅山、"欧洲屋脊"阿尔卑斯山,也不能阻挡一些飞鸟和野生动物通过。不信,就去问动物学家和当地的山民,难道龙门山比它们还高不成?

这是浪漫主义诗人豪情万丈的诗句。斗酒诗百篇的李白还曾经说过"黄河之水天上来","千里江陵一日还"。难道这也能够相信全都是真的?黄河之水真的上接银河?开元、天宝时期就有江上飞驰的气垫船,一日可以从蜀中穿过三峡到达江陵吗?

是小说家罗贯中的《三国演义》误导了大家吧?

你看,邓艾偷渡摩天岭,用厚厚的毡裹身,一咬牙、一闭眼、一横心,带领全军叽里咕噜从崖顶滚下,才能翻山进入另一边。

请仔细分析小说中这段记述,是不是符合常理。如果邓艾要翻过的悬崖不高,完全可以用其他方式缒下,何必多此一举?如果崖壁很高,用毡裹身滚下去,可能就不会有什么好果子吃了,即使没有送命,也会跌伤身体,至少也弄一个脑震荡,还攻打什么成都?这样明显的小说笔法,怎么能够使人相信?

《三国志》才是真实历史。书中记述,邓艾经过阴平道时,一路"凿山通道,造作桥阁"。到了一个危险地方,"艾以毡自裹,推转而下。将士皆攀木缘崖,鱼贯而进"。请注意他的开路搭桥工程,再注意另一句话里的前面一个"自"字和后面一个"皆"字。看来"以毡自裹"的只是他一个人,似乎是身先士卒、激励将士的举动,多少有些作秀的感觉。大队人马"攀木缘崖"照样能够通过。既然大队人马都能过去,何必又"以毡自裹"滚下去呢?不管怎么说,都说明即使像摩天岭一样的险阻,也有办法通过。

《三国演义》还有许多这种虚构或者夸张的情节。这算一个,诸葛亮呼风唤雨借东风也算一个,没有人会完全相信。

唉,事实上摩天岭哪是这个样子?这座山现在还在原处不动,保留着原来的风貌。诸君若不信,请自己去看吧。约几个驴友亲自翻一下,就知道不是罗贯中所说的那回事了。

行文至此，让我们简单归纳一下吧。在下并不反对当时古蜀族曾经有一支沿岷江河谷出山的观点。从理论上分析，这似乎应该是居住在接近山口的一些部族。但是居住在偏向上游的河谷里的古蜀族人，就不一定非要沿江而下了。在这里就地翻山出去，乃是一条距离最短、更加直接，也是在山中生活早已熟悉的路线，何必都一窝蜂地拥向都江堰山口？

　　最后顺便再说一句。沿着岷江而下，汶川至漩口这一段，山势特别陡峭，一座座高山直逼江边，古时根本无路可通。现代才开辟出一条公路，可以沟通内外。这条公路别说遇到2008年的汶川特大地震，平时每逢雨季就经常塌方，堵车是常见现象，乃是一段令人头疼的"肠梗阻"地段。谁不相信，问一问经常来往的司机，他们就有倒不完的苦水。何况几千年前根本就没有这条大路，两岸全是悬崖绝壁，通行更加困难，所以任乃强说"蚕陵以下，河谷深狭，岸道险窄"。如果沿着山中支流顺顺当当前进，仅仅翻过一道"浅岭"似的山垭口就出山了，就直接方便多了。

柏灌翻山的起点和终点

——一条路有起点，也有终点站。
——游泳池跳水有跳板，柏灌翻山也有"跳板"。

一、柏灌翻山的起点

要追踪一条神秘的路线，掌握了起点和终点就好办。

柏灌带领部族翻山的起点在哪儿？其中的一个地点非常清楚，就是岷江边的营盘山遗址。既然所有的文献都认为蚕丛是古蜀族的老祖宗，营盘山遗址又有丰富的文物可以证实这一点，以营盘山遗址作为当时古蜀族主要聚居的地点和大迁移的一个起点，大概不会有太大的问题吧？

另外，既然移民放弃了故土，不用说，在岷江上游河谷里同时代的一些遗址，都可以视为这次大迁移的起点。

二、柏灌翻山的"跳板"

说起翻山的起点，还需要补充一个重要的细节。

那就是进山的"跳板"。

游泳池里有跳板，几千年前古蜀族搬家，也有"跳板"吗？

有呀！

请你抬头看吧：在岷江旁边的高高的谷坡上，我们在前面说过的一片片黄土高台地，就是古蜀族进山的"跳板"。

为什么这样说？

因为这里从古蜀时期到现在，自来就是人们居住和耕种的好地方。

这里紧紧挨靠着背后的大山，进出非常方便。不仅可以发展原始农业，还是先民们狩猎、伐木和进山最好的地方。前面所说的古蜀族的山的情结，就是这样长期生活其间，耳闻目染而形成的吧？

有趣的是从谷底仰望它，好像是一排山，连接着后面的山地，给人以一种山连山的印象。

这里真的是只有崎岖不平的山吗？才不是呢！想不到吭哧吭哧爬上去一看，眼界突然开阔，竟展现出一片宽阔平坦的地面。这里距离山峰不远，由此进入附近山地，反而比下达河谷更加方便。与其说它是河谷里的一个高台地，毋宁说它更加像是背后山的延续。

当然啰，它不是真正的山地，只不过是非常接近山的一个过渡地带而已。

这个"过渡"的环节非常重要。它不仅是地形上河谷和山地的过渡，把这里作为翻山出发的起点，不也是顺理成章的吗？

按照在下的浅见，柏灌的长征，就是从这种地形上起步的。可以设想古蜀族当时也曾经在这些高台地上活动，时时由此进山狩猎以及进行别的活动，从而获得了许多山中的情况，知悉了山内的交通条件。当古气候日渐恶劣，自然会就近选择这一条连接山中的路线，开始自己的长征。

好一个衔接山中河谷和莽莽龙门山的地形跳板。

好一个"次王"柏灌时期，岂不也是在古蜀族蚕丛时期和往后移居成都平原的鱼凫时期之间，一道意义深远的历史跳板？

三、柏灌出山的终点

我们讨论完了翻山的起点，再来研究柏灌出山的终点。

虽然柏灌时期的一切，全都语焉不详。可是我们在历史的夹缝里，还是可以获得一些终点的消息。

在下以为可以从《华阳国志》里的"鱼凫王田于湔山"得到线索。只要弄清楚湔山在哪里，就能连接起点，大致勾画出这条后世遗忘的路线了。

现在要讨论的是，湔山到底在哪里？

这是一个古地名，曾经有过很大的变化。

从较早的历史来看，过去普遍把成都平原以西，岷江上游河谷以东的一列大山，也就是整个龙门山，统统都称为湔山。

后来不知什么时候，有人把湔山固定在都江堰一个小小的角落，专门指岷江出山地方的一小块山地，又叫灌口山或玉垒山。

这件事有书为证。《三国志·蜀书·后主传》记载，建兴十四年（公元236年）夏四月，"后主至湔，登观坂，看汶水之流"，说的就是这回事；左思《蜀都赋》的注解说，"李冰于湔山下造大棚以壅水，分散其流，灌溉平地"，说的也是这回事。如果以此为根据，当年柏灌出山的路线就是沿着岷江河谷而下。"鱼凫王田于湔山"的地方，很可能就是都江堰山外的芒城遗址。

这就是定论吗？请允许在下大胆怀疑一下吧。

其实，古时湔山的范围非常宽广，几乎整个龙门山北段都叫作湔山。后来才南北分段，分别称为岷山和茶坪山。秦灭巴蜀，在今天的松潘设置湔氐道，汉代因之。西晋武帝时，湔氐道才废除。"湔"是地域，"氐"是民族，相互结合而命名。《华阳国志》作者常璩是东晋时期蜀郡江原（今崇州市）人。生活在当时当地，不会不清楚这件事。

古时，水以所出之山而命名，乃是一个惯例。沿着龙门山北段的东侧，在北川、彭州、都江堰等地都有湔江。彭州的湔江直到今天还保留着这个名字，出山后叫作鸭子河，流经三星堆遗址，是沱江的一级支流。请问，这个带着"湔"字的地名，是不是也可以用来作为"鱼凫王田于湔山"的解释？

让我们再看，在庞大的古湔山，也就是龙门山北段范围内，几乎遍地都有带"湔"的地名。彭州、什邡、都江堰等地都还有湔氏村，也是一个旁证。所以不能以为湔山和湔江，就是都江堰一个地方的专有地名。

　　由于在巨大的龙门山里到处都是"湔"，要确定它的确切位置，还必须寻找别的根据。依在下的浅见，就应该考虑后来青铜器、玉器、金器制作原料的来源了。以此作为旁证，进一步确定柏灌翻山的终点站。

　　在下以为这个终点站，就是半截河出来的大宝铜矿所在处。底气十足的大胆假设后，就来小心求证吧。

三星堆铜、金、玉来源大辩论

——三星堆的铜、金、玉，到底来自云南，还是身边？
——铜矿石分析，到底该听谁的？

一、第一回合，观念的交锋

1. 云南、凉山，传统的观念

三星堆青铜器的原料，究竟从哪里来？考古学界一直有一个定论性的说法，认为来自云南或者川滇交界的凉山地区。别人要多说一句，就是"外行话"了。在下不才，斗胆在这里说几句"外行话"，不知是否中听？

其实，这哪是什么内行、外行的问题？在下曾经从一位痴迷此道的爱好者的口中，听到一番高论，张口就是某学者旁征博引的学术见解，闭口就是某专家的结论性意见。我等他慢慢说完了，才不慌不忙提醒他，在青铜问题上，其实包括三个方面的知识领域。

有关矿产问题，是我们地质工作者的职责所在。

有关青铜冶炼技术，是青铜冶炼专家的研究范围。

只有青铜器本身，才是考古学者的本行。

这好像铁路警察各管一段。隔行如隔山，不知者不为过。你管你那一段，我管我这一段，各自任务明确，不能越俎代庖。到底谁是"内行"，谁是"外行"，大家各有职责分段，这话很不好说，更加不能把别的学科领域里的内行,也随意说成外行。

要谈论矿产,是不是还应该赏光听一下,我们这些一辈子爬山找矿的人的话?

讨论青铜冶炼,也请找相关专业的专家赐教。

这个问题包含的内容很多,就不同问题,分别咨询有关专业的工作者方是正理。

除了铜,包括三星堆和金沙遗址在内,古蜀文明还留下丰富的玉器和金器。原料是从哪里来的?一直是一个大问题。

关于金。有人说,和铜一样,也来自云南和凉山地区。那里有一条金沙江,本来就出产沙金嘛。

关于玉。有人说,来自新疆和田,和田玉天下闻名。

这些话乍一听,似乎都有道理,仔细一想就问题多多了。

是的,这些地方固然都是有关原料的著名产地,但是却和遗址发现地远隔千山万水,在生产条件落后的古蜀时期,怎么可能把大量铜矿石和制成品运送过来?

须知,包括三星堆在内,成都平原上许多同时代的遗址,还没有车轮或马的遗物出土,显然是一个个以原始农业生产为主,自给自足的土围子。远途运输如果量少还可以相信,大量沉重物质的运送,就是一个难以解决的问题了。

或者再换一个角度提问,僻处龙门山一个角落的古代蜀族先民,怎么知道那些地方有铜有玉,非要从那样遥远的地方去开采不可?

要知道,原始时期的人们,活动半径不可能太远,外界信息也不可能那样灵通。

正确的答案,只能从古蜀族的身边寻找。

2. 柏灌闯进了宝山

揭开这个千古疑谜的金钥匙,就是穿越龙门山的柏灌!

在前面已经讲过,柏灌时期是一个史诗般横越龙门山的时代,不用说柏灌对山中一草一木都非常熟悉。

当年他带领部落是怎么走的？

我们以山的西面岷江上游蚕丛氏居住的营盘山遗址为起点，山的东面的湔江出口为终点，就能十分准确地勾绘出柏灌时期在山中的迁移路线了。这是一条传统的山路。除了这条路，旁边就无路可走。从前在地质考察中，笔者曾经穿越过这条路线。

感谢上天，在这条路上给柏灌准备了丰盛的礼物。

那是什么？

那就是开辟了一个时代的铜呀！

那是什么？

那就是装饰了一个时代的黄金和玉石呀！

这些铜、金、玉在哪儿？

信不信由你，为了解开三星堆物质来源之谜，几十年来考古学界一直苦苦追索的铜、金、玉，就在这里的路边堂而皇之摆放着。

请看，龙门山中一个有名的大宝铜矿，历代开采已经近千年，就正好坐落在这条必经之路上。

请看，紧紧挨靠着这个铜矿，还有早已开采的蛇纹石矿。

玉石是一个广泛的概念，组成十分复杂。可是三星堆玉器的主要成分就是蛇纹石。请问，这暗示了什么？

请看，龙门山中几乎每条山沟都可以淘金。在流过三星堆的鸭子河的直接上游，包括彭州小鱼洞镇的梅子沟、彭州新兴镇海窝子等地，几十年前就曾经发现过巨大的狗头金，细微沙金更不必说。

请注意，这仅仅是几个突出的例子。其实在这一带山中，铜、金、玉还多的是。

大宝铜矿不仅仅是一个矿洞，它总共有几十处大大小小的矿点，上上下下、远远近近散布在这条路边的岩头上。

请别以为原始时期的人不认识它。出露在地面的含铜孔雀石的颜色鲜艳无比，经过这里的人不可能不会发现。

这还不算呢。打开正式的矿产图看，从西边靠近汶川县城不远的岷江边，到东边分水岭以东的湔江上游河边，地质工作者勘察出好几大片铅锌矿的异常区,其面积以平方千米计。铅锌往往和铜共生,也有不少铜的成分。

再一看,这里出产玉石的变质岩大面积分布,含金的石英脉穿插在岩层间的也多得是。古蜀先民需要玉和金,何必舍近求远,千里迢迢到新疆和田、金沙江运回来呢?何况当时用量不大,这里的铜、金、玉的储量供给原始先民制造少量的器皿,绰绰有余。

是啊,构建古蜀文明的一切物质都来源于这里,还有什么好说的吗?

感谢默默无闻的柏灌,没有他带领的这个艰苦卓绝的山中移民过程,古蜀先民怎么能够像熟悉自己的指纹一样了解龙门山?没有柏灌,就没有三星堆和金沙文明的物质基础。

3. 三个传统观点

这一场争论就完了吗?

远远还没有呢。

2007年夏天,在下陪同某家电视台的记者拍摄一段片子时,有位专家谈了下面的三个观点。在下仔细"看"了,觉得这段话归纳了传统的意见,很有代表意义,顺便写在下面,供广大三星堆的"粉丝"参考。需要说明的是,为什么我是"看",而不是聆听?由于当时在下年届七十六,耳已半失聪。这是随行学生的现场记录,仅仅是一个大意。耳不能"听",当然只有"看"了。倘若与原话比较,有个别字句失实,还望多多原谅才好。

这三个观点是:

(1) 成都平原附近没有铜,云南与凉山地区才有铜矿。

(2) 从一些青铜器的分析材料看,只有云南的铜矿石和三星堆青铜器成分的含量相同。

(3) 就整个地区而言,四川开采铜较晚,云南开采早。

关于这三点看法,其实都值得进一步研究。

(1) 成都平原附近没有铜吗?

如果要以书为证,《华阳国志》书中,早就提到岷山有铜。书上写得清清楚楚，岷山"其宝则有璧玉、金、银、珠、碧、铜……"，怎么能够视而不见？

试问，云南有没有同样古老的记载，足以说明云南开发铜矿，真的比四川地区更早？

如果要以物为证，前面已经说过，彭州龙门山镇就有一个非常有名的大宝铜矿，经过历代开采也没有衰竭，这里就不多说了。怎么能说"成都平原附近没有铜"？

（2）关于铜的材料分析，涉及内容比较多，请容我在后面详细讨论。

（3）云南铜矿真的比四川开采早吗？

关于四川、云南铜矿开采早晚之说，似乎不能成立。

道理其实非常简单。我们现在讨论的对象是三四千年前的三星堆时代，不是后来的历史时期。历史时期两地铜矿开采的早晚，对早得多的三星堆时代能有什么影响？成都博物院院长王毅说得好："如果云南的铜矿开采早，为什么那里没有比三星堆和金沙更早的青铜文明？"

是呀，如果云南在三星堆时期就开采铜矿了，当时当地有那样高明的采矿技术，必定文明昌盛。何不就在原地发展，非要不避山川之险，将铜矿石或者制成品，千里迢迢运送到三星堆来？这简直无法使人相信。在云南制作了那样多的青铜器，或者运出那样多的铜矿石，为什么云南人自己不留一件保存下来？

我在前面说过了，在古代制造青铜器一事，涉及不同学科的研究范围，铁路警察各管一段，专家也有不同专业。总得对号入座吧。不能牙齿疼，到医院挂内科、外科，甚至妇产科专家的号吧？关于矿产问题，是不是还应该听我们地质工作者说一句话？但是由于已有流行一时的结论在前，要提出一点不同的看法来改变舆论，就非常不容易了。

怎么办？只有用事实说话。

4. 新闻镜头对准大宝铜矿

为了扭转既有的印象，就摆事实，讲道理吧。

最好的办法，就是请大家来看一看和三星堆近在咫尺的大宝铜矿。

这里邻近我校的小鱼洞野外地质实习基地。20世纪60年代以来，我不知带领学生考察过多少次，早已烂熟在心，所以心中底气十足。只要带领大家再看看，说不定就能达到提醒社会注意、改变印象的目的。汶川特大地震前我就带过一次这样的考察，只不过那时的随行者不是学生，而是彭州地方官员、新闻媒体记者和对此关心的各方人士。有关那次的考察情况，已经在《四川科技报》和别的报纸详细刊登过，就不重新介绍了。

那一次考察总算打开一扇窗口，通过新闻媒体让大家知道，距离三星堆很近的地方，居然还有一个铜矿，并不是"成都平原附近无铜"。同时展开地图给大家看，这里的湔江就是三星堆旁边鸭子河的上游，和三星堆相距不过几十千米，是最便捷的水上通道。这里的矿产品完全不用远程陆上运输，既不用车，也不用马，只消扎一个木排，由此顺流而下，就可以迅速送到三星堆面前。用这样的事实，给大家建立一个初步的认识基础。事情就这样简单，何必非得扯上遥远的云南、凉山。

5. 青铜冶炼专家开口了

这就够了吗？肯定不行！这样还不能说服所有的人，特别是早已形成固有观念的一些专家学者们。虽然让人们认识到这里有铜矿，却还没有接触到矿物成分。别人完全可以用青铜器分析数据为根据，否定在下的看法。为了彻底揭开三星堆青铜器物质来源之谜，还必须认真采集样品并进行分析，拿出报告单。不是凭三寸不烂之舌，而是以事实为根据，才能最后说服舆论。

与笔者并肩战斗的四川大学田长浒教授，是知名的青铜冶炼专家，算是在三星堆青铜器问题上的第二段"铁路警察"。在冶炼问题上必定比我这个第一段的"铁路警察"，以及直接涉及青铜器本身特征的第三段,由考古学家司职的"铁路警察"内行得多。他郑重指出,与三星堆时代相当的中原地方的青铜器,可以有名的司母戊鼎为代表,铜、铅、锡三者之间的比例如下:

铜 84.77%,锡 11.64%,铅 2.79%。

这个比例关系突出了"高锡低铅"的特点。

三星堆青铜器的成分,可以用青铜大立人及其他标本为例,成分如下:

青铜大立人:铜 95.81%,铅 0.03%,锡 3.22%。

另一件标本:铜 78.08%,铅 16.31%,锡 4.65%。

由此可见不同对象的含量略有差异。再联系其他有关标本,其平均数据如下:

铜 65%—85%,铅 15%—30%,锡 2%—4%。

虽然不同器物的含量有一些差距,但是总的倾向以"高铅低锡"为特点,和中原地方的青铜器显著不同,这已经可以说明问题了。可是我们要论证的是一个具体地点,即大宝铜矿的铜矿石成分如何?这还需要进一步研究分析。出于这个目的,必须采取新的行动。

二、第二回合,沉默的矿石说话

1. 老矿工送来的铜矿石

辩论到了这个地步,该怎么办?

三星堆铜、金、玉来源的辩论,关键的关键是铜的来源。只要顺利解决青铜器的物质来源问题,其他一切都好说了。

眼前从空洞的理论,已经接触到标本本身。下一步最重要的任务是,必须进行矿石标本分析,让沉默的矿石说话。

我们是地质专业出身,又对大宝铜矿这样熟悉,采集标本自然不在话下。但是我觉得万事不可盲目托大,以地质专家自居。不管我们多么熟悉这个地方,也比不上毕生在这个铜矿工作的老矿工们。必须放下架子,认真请求当地配合,才能把工作做得更好。

正在这个时候,当地的大宝集团盛情邀请在下前往考察,听取在下对柏灌翻山到达此处,以及旅游开发的意见。集团党委书记贾正方是当地人,曾经亲自穿越龙门山,熟悉从汶川到白水河的山中路线。他也是地质出身,提供了许多当地的矿产情况。他告诉在下:"这里有金,也有铜。我看过三星堆的玉器,主要的原料蛇纹石玉,就出产在这里的后山。"在董事长贾卿的积极支持下,双方共同拟定了新的行动计划。由大宝集团负责组织有经验的老矿工采集标本,笔者所在的成都理工大学负责分析。

大宝集团完全接受了在下的看法:柏灌翻山过程中,发现了沿途的铜、金、玉石产地,并在此制造各种器物后,再沿河输送到三星堆。

大宝集团积极行动起来,依靠有经验的老矿工,送来了在半截河峡谷内上大湾矿点采集的标本。分析其结果,铜 、铅、锡三者之间的比例为:铜69.66%,铅30.00%,锡0.034%。这个分析结果完全符合三星堆青铜器含量的特点。加以地质矿产图显示,在这里的若干铜矿点周围,有大量铅、锌和磷矿点分布,以及铅、锌、磷与铜普遍相互共生的情况。这进一步印证了在下的看法,使我更加坚信三星堆青铜器的铜料,就是来自距离遗址不远的大宝铜矿。

大宝铜矿面积广阔,在半截河峡谷内外有许多矿点。现在摆在面前的问题是,进一步确定三星堆青铜器物质来源,究竟是在峡谷内,还是峡谷外,是否就在柏灌翻山的路边。这就需要采集更多的标本进行分析。

2. 铜厂坡之行

第二次采集标本的行动开始了。我发动了本校矿物学、地球物理勘探工程的两位教授,带领两个博士研究生共同工作。同时邀请了两家报纸、一家电视台的记者,作为此行的证人。首先我向记者展示了地质图和矿产图,让他们仔细看清楚,这里不仅有许多出露地表的铜矿点、埋藏地下的大面积铜元素异常区,还有许多铅、锌、磷、金、蛇纹石矿点。这些早已被地质队调查清楚,密密麻麻地标满地质图。一些学者以为"成都平原附近无铜",这是没有看到三星堆制作诸多器物的玉、金、铜蜀地均有出产，这在《华阳国志》中也早有记载。

在岳兴和、贾正兴两位大宝铜矿老矿工的协助下，我们首先到铜厂坡取样。披荆斩棘直取半崖上的矿洞，在这个矿点取得样品。又深入峡谷，采集了另一个矿点马松岭的标本。

请看我们这次的样品分析，铜、铅、锡三者的比例如下：

铜厂坡1号标本：铜98.87%，铅1.08%，锡小于万分之一。

铜厂坡2号标本：铜96.30%，铅3.70%，锡小于万分之一。

马松岭1号标本：铜98.98%，铅0.01%，锡小于万分之一。

马松岭2号标本：铜19.49%，铅80.50%，锡小于万分之一。

从分析结果看，这里的铜、铅很多，基本无锡。我获得实验室报告后，立刻向田长浒教授通报。他以为从分析的情况来看，大宝铜矿上大湾的铜矿石标本是"高铅低锡"，铜厂坡和马松岭的铜矿石标本是"高铅无锡"，完全符合三星堆青铜器的元素组合情况。

需要说明的是，这里的磷也很多，除了在铜矿附近自成矿点，也常常和铜、铅、锌共生。标本中还含有一定数量的磷，就不多说了。

需要说明的是，包括前述的上大湾等矿点，恰在柏灌翻山的路线上，地面散布着许多风化的矿石，几乎俯拾皆是。铜矿石风化成为孔雀石，颜色异常鲜艳，古蜀族先民经过此处，不可能不会发现。

3. 一位专家反击：差之毫厘，失之千里

想不到这些数据发表后，又有专家说，这些百分比和三星堆青铜器相关数据相比，还有一些细微的差别，包括小数点后的数据不同，所谓"差之毫厘，失之千里"。

话说到这里，就让在下顺便普及一点矿床学的基本知识吧。

首先，要向这位专家汇报，这里是后期岩浆侵入到元古代黄水河群的侵入性矿床。

噢，这是几个枯燥的专业名词。大家听了，会不会觉得有些头

疼讨厌？为了说明问题必须提这几个词儿，让我简单解释一下吧。

元古代是最古老的地质时代之一，距今大约25亿至5亿7千万年，仅仅晚于太古代。黄水河群是当时分布在这个地区的一个岩层。

什么叫作"后期岩浆侵入"？就是这个岩层形成以后，才有从地下溢流出来的岩浆，侵入这个岩层。

什么叫作"侵入性矿床"？不言而喻，就是后期侵入的岩浆，在原生岩层里形成的矿床了。既然叫"矿床"，就有相当的储量，足以供给开采。要不，只有一些零零星星的分散颗粒，有什么开采价值？也就不成其为"矿"了。

我们在这里要说的是一种以铜为主，含有多种成分的热液矿床。说得形象化一些，就是在一股岩浆里，含有相当多铜的成分，这就是热液流动和成矿的过程了。

请您想一想，一股含着各种各样成分的岩浆，好像一股混杂的泥浆，各种成分会非常均匀吗？

这绝对不可能！

由此可见，在热液流动和成矿过程中，成分分布不均匀，是一个极其正常的现象。这不是现代化工业产品，绝对不可能在同一股岩浆里，每一处的成分都绝对均匀，精确到小数点以后的若干位。

由此可见，我们看一个矿的特点，只需观察其含有某种主要成分，掌握了它的主要特点就行了，不必苛求每一块矿石各元素的含量百分比完全相同。这才符合成矿规律，也是实事求是的研究态度。

让我们换一个方式来解释吧。这好像一锅八宝粥，不可能每一勺里的红枣、绿豆颗粒都一样多。难道可以抓住一碗里的红枣、绿豆，和另一碗里的数量有差别，有的绿豆多几颗、有的少几颗，有的红枣大、有的红枣小，就不承认是一个锅里煮出来的吗？

正确的态度是看主流，只抓基本特点。大宝铜矿的铜矿石以"高铅低锡"为特点，只要看分析结果是不是基本符合这个特点，还是与此相反就行了。不必去抠小数点以后第几位是不是严格等同。

顺便说一下，就是以三星堆博物馆陈列的标本而言，也不是每一件的数据都完全相同。

请看下面两件标本的分析报告。

青铜大立人的成分：铜 95.81%，铅 0.03%，锡 3.22%。

另一件标本：铜 78.08%，铅 16.31%，锡 4.65%。

瞧，它们的具体数据相差很大，似乎不是一回事。

如果要以"差之毫厘，失之千里"的态度，硬抠具体数据是不是完全一样。那就只有说，其中一件是来自云南的"正宗"产品，另外一件得要再找出处了。

如果不信，让我们做两个实验。

第一个实验，请在云南和三星堆再取两个标本，送去分析一下，是不是和前次分析的数据完全相同，有没有毫厘之差？我敢打赌，同一个地点前后两块标本的分析数据，绝对不会完全相同，肯定有细微的差别。

第二个实验，把三星堆青铜器统统送去分析，数据肯定五花八门各不相同。如果要一一硬抠到那样精确的程度，只怕就要去找千百个原产地了。

我这不是闭着眼睛说瞎话。谁不信，不妨试一试，就知道在下说的并非谬论了。

话又说回来，前面讲的那两件标本，真的不是一回事吗？

也不是的。你看，这都符合"高铅低锡"的特点嘛。

要知道，科学研究有一种模糊学。看来模糊，其实更加接近真实情况，这才是真正的"科学"。抓什么具体数据一律相同，甚至包括小数点等等，看来似乎很精确、很科学，其实恰恰不科学。那样的办法用来对今天的商品做质检可以，用来检验几千年前的产品就不行，很可能捡了芝麻，丢了西瓜。这是对岩浆流结构、侵入性矿床形成原理不熟悉的表现。

其次，需要向这位专家提醒。请想一想，三星堆是什么时代？当时的冶炼水平能有多高？在那样低下的水平下，制造青铜器能够按照比例配方吗？

不，绝对不可能！绝对不会像今天的现代化大工厂一样，所有产品的配方严格一样。

是嘛，如果真是那样，也就不成其为近于原始的时代了。

当时的实际情况怎么样？

可以想象的是，只能是抓着什么就是什么，抓多抓少无所谓。

是啊，今天中药店里的伙计抓药，还要仔细称一称嘛。但三星堆的古人炼铜，绝对不可能做到这一点，绝对毫无"配方"的可能和观念。

谁不信，不妨去测试一下，即使以三星堆馆藏的一些青铜器而言，成分也不是完全一致的。

田长浒教授说得好，这种情况一直延续到战国时期，到中原出现《考工记·六齐论》后才有改变。

《考工记·六齐论》就是最早讲冶炼技术的。所谓"齐"就是"剂"，也就是配方的成分和比例。

请注意，直到这个时候，人们才开始掌握了按照比例配方的技术，制造青铜器才有规范可言。可以想象的是，可能接受了中原《考工记·六齐论》的影响，后来金沙遗址的青铜器各种成分的含量，和三星堆的青铜器相比，就可能会有一些差别。不用说，这就是三星堆青铜器用料有随意性，不同于后来金沙青铜器基本按照比例配方的结果。

噢，明白了。三星堆是本土原料，本土技术；金沙是本土原料，外来技术。二者自然不同。

4. 专家再次反击：这里有"同位素"

话说到这里，这个问题该结束了吧？

还早呢！同样一个专家又提出另外一个问题，坚持三星堆的铜来自云南，对来源于龙门山的说法表示怀疑。

反击的根据是什么？他举出云南铜矿石里含有铜的同位素，作为另一个根据。

"同位素"这个名词，听起来也很"科学"，很"高精尖"。但笔者聆听之下，却以为这是对有关矿物知识不了解。

其实，一般有色金属都既有稳定的成分，也有不断蜕变的不稳定成分。铜矿石也是一样的。以同位素而言，有稳定的部分，也有不稳定的部分。所谓不稳定的部分，就是不稳定同位素，在其蜕变过程中，随时都会变化。

要知道，不稳定同位素是变化的。不能认为某个地方的铜矿石标本里含有同位素，其含量多少，就是不可动摇的证据。

要知道，这是普遍现象，不能以此作为绝对证据。

话说到底，不能迷信一纸实验室的报告单，拘泥于小数点前后的具体数据，以及有没有同位素。要真正读懂这个报告单的实质，得懂得一点成矿规律才行。

如果这个话没有说清楚，请让我再打一个比方。倘若到医院看病，取得化验报告单后，不能自己凭着想象进行猜测分析，或者只听化验室护士指点，哪一个指标不太正常，就急着下结论。是不是还应该交到门诊医生手中，听取医生全面的分析才对？我想，大概不会有人自以为是，不听专职医生的话吧。

还有一点需要说明，成都理工大学矿床学专家曾对在下说过这样的观点：19世纪前的冶炼技术，需要铜矿品位在10%以上才能提炼出铜，云南东川矿床的品位在0.5%左右，以三星堆时期的冶炼技术来看，很难冶炼出铜。而大宝铜矿品位较高，属于富矿，三星堆时期利用这种富矿才可能冶炼出铜。

5. 冶炼铜的熔点问题

有了铜矿石，怎么炼成青铜，又是一个问题。使用什么燃料，什么方法，才能达到铜的熔点？

四川大学青铜冶炼专家田长浒教授指出，木材的发火点只有摄氏三四百度，纯铜的熔点是摄氏1083度，用木材绝对不能熔化铜。

加进了锡，纯铜成为青铜。随着锡的含量增加，熔化点才能逐渐下降，最低可以下降到摄氏800多度。即使这样，也不能通过木材直接燃烧使它熔化，必须采取别的办法，或者使用别的燃料。可能是在学会了把木材闷在炉子里面燃烧，制作成木炭以后，才能勉强达到青铜的熔点。

原来铜的熔点如此难以达到。笔者联想到四川盆地内，特别是龙门山前包括成都平原，以及邛崃附近丘陵等许多地方，自古以来就有地下天然气外溢，引起自然燃烧的事件；距离三星堆遗址和金沙遗址都不远的什邡，在宋代就曾经发生过所谓"火龙"冲天的天然气燃烧事件。脑瓜里忽然冒出一个奇想，古代的蜀族和开明族会不会也利用过天然气？这是值得进一步研究的问题，不过这仅仅是一个想法而已，不能立刻就当成真的。转念一想，还存在许多疑点。如果如前所述，青铜器真是在龙门山中大宝铜矿制造的，那里可还没有发现天然气呢。世界上青铜文明的地点很多，即使成都平原周边真的可以利用天然气冶炼，怎么解释其他地方青铜器的冶炼呢？看来还是田长浒说得对，可能是通过木材闷烧，制作成木炭后，燃烧的温度提高到青铜的熔点才能达到目的。

6. 最后的结论

三星堆青铜器的来源，不用说是以大宝铜矿为中心的龙门山本身。

在此还需要特别重申：龙门山镇内的山中，不仅有铜矿分布，在古生代彭灌杂岩内，还有大量玉石和原生金矿点，溪流中的沙金也比比皆是，不乏发现巨型"狗头金"的记录。1949年前，在小鱼洞镇梅子沟、新兴镇海窝子，都曾经发现过巨大的"狗头金"。

制作三星堆玉器的主要原料——蛇纹石玉，这里也有大面积分布，主要生成在澂江期—晋宁期的第二期蛇纹岩、第三期蛇纹石化橄榄岩内。

由此可见，仅仅龙门山镇一个地点，就包括了全部物质来源，完全不必另求其他产地。这里既有铜、金、玉，何必舍近求远，辛辛苦苦从云南、凉山那样远的地方运回来？一个相对封闭的山中部族，居然了解那样遥远的矿产，不远千里大量运送，却不就近开发身边的矿床，这是不切实际的事情。

　　大家想一想，柏灌翻山以后，已经知道了近在咫尺的龙门山中有铜矿石，也有玉石和黄金，沿着同一条河就可以直达三星堆。如果三星堆人真正无视近处的这些矿床，还有什么必要从云南搬运？

　　一切功劳归于柏灌！

　　一切荣誉属于柏灌！

　　在下的话说完了，信不信就由大家了。如果对这个问题有疑问，欢迎提出来。如果是在下错了，一定老老实实认错。

【两条出山路线带来的南北差异

——同一个平原,为什么有南北文化差异?
——这是时代先后,还是文明发展不同?
——巧妇难为无米之炊,两条出山路线的结果。

前面已经说了,由于大致在4500年前,古气候发展进程结束了温暖潮湿的大西洋期,进入灾变性的亚北方期,导致了柏灌时期的大迁移活动。古蜀族究竟从什么路线出山?笔者以为不能排斥任何一种方式,应该是沿江而下与翻越龙门山并举。诸多前贤的意见是对的,只不过失于偏颇,否定了翻山的另一路线而已。

沿江而下十分方便。可以设想当时散布在岷江河谷下段,也就是比较接近出山口的部落,会首先选择这条路线出山,在成都平原南部,建立了以宝墩遗址为代表的一系列的居留地。遗憾的是由于建树不够显著,其首领未能留下名字。另一支随同柏灌就地翻越龙门山的部族,在成都平原北部建立了以三星堆遗址为代表的居留地,营造出了灿烂文化,自然就名扬天下了。

新津境内的宝墩遗址是什么时代?

一般认为宝墩文化相当于三星堆一期文化,早于三星堆主体文化,二者的时间有交叉,也有先后之分,三星堆后期文化就比宝墩文化晚些。前者属于新石器时代的龙山文化范畴,后者属于典型的青铜文明时期。笔者承认，二者在文明进程上的确有较大的差距，可以视为不同文化的代表。

但是需要说的是，文明差距并不等同于时代差距。试看今日世界普遍进入了原子时代，可是在若干角落尚有落后文化，甚至还有石器时代文化，岂不是一个明证？难道可以说，二者文明水平不一样，就不是同一个时代的了？

再换一个例子来说，经过改革开放，我们的生活已经有翻天覆地的变化，可沿海地区和西部内陆地区的发展还存在一些不平衡。难道我们可以说，沿海已经进入了二十一世纪，西部某些地方还停留在二十世纪八九十年代吗？

文化水准的差异不等于年代的差异，这个道理再明白也没有了。

为了说明这个问题，请看一些碳14的测年资料。

属于前一系列，平原南部的遗址年代，包括新津宝墩遗址距今约4500—3700年，都江堰芒城遗址距今约4500—4300年，崇州双河村遗址距今约4300年。

属于后一系列，平原北部的遗址年代。广汉三星堆遗址内，以月亮湾城墙为代表的第二期，距今约4200—3600年；以1号坑、2号坑为代表的第三期，距今约3600—3000年；最晚的第四期，距今约3000—2800年。

如果我们承认这些为一般学者普遍认同，并且在论文和专著中广泛使用的测年数据属实，就不能不使人产生疑问。

值得注意的是前一系列的遗址年代，一般均由大约4500年前开始。笔者已经在前面讲过，这个4500年前的时间标志，无论是对环境科学，还是对社会科学的意义都十分重大。

这是什么时代？

这是从大西洋期进入亚北方期，亦即正常的温湿气候转变为灾变气候的关键时代。

这是什么时代？

111

这是包括古蜀族在内，中国古代西部若干部族被迫开始向东大迁移的时代。

可以想见的是，大约4500年前，古蜀族一部分迅速沿岷江而下，在都江堰出山，建立了成都平原南部宝墩文化系列的居留地。虽然其开始阶段较三星堆遗址早约300年，但是其结束时期却晚在3700年前左右，正好和三星堆最灿烂辉煌的第二期文化之初相当。或者换一句话说，二者有相当长的一段时代完全重合。

既然有一部分时代相当，如何解释二者文化的巨大差距呢？

进一步仔细观察，大约4500年前沿江从都江堰出山的这一支古蜀族部落，普遍停留在石器时代的文明水平。即使发展到末期，也没有进步的青铜文明的迹象。笔者以为这不能说是时代先后的差别，而应当是地域发展水平的差别。

想一想，从时间序列来说，二者相差300年左右，为什么平原北部进入了青铜时代，南部还停留在石器时代？南部的古蜀族进入平原远远早于北部，为什么文明反而落后？难道北部的三星堆文明能够飞跃不成？

想一想，以地理空间来说，二者位置近在咫尺，环境条件相似。中间一片大平原，并无崇山峻岭阻隔。这样的地理环境十分有利于文化交流，为什么二者差距那样巨大？

三星堆文明的确存在飞跃现象，原因不在静态的地域竞争，而是在其以前的柏灌迁移路线不同的动态差异所致。

问题就在于二者进入成都平原时间略有先后，相差的300年间，意义非同寻常。

如果可以认为在灾变气候开始的时候，山内部族为恶劣环境所迫，大致在同一时间动身出山。这个在古蜀族历史上失落的300年，就应当是柏灌带领部族翻越龙门山的时间。笔者再三强调，柏灌迁移不是一次性迅速穿越龙门山，而是以若干世代为时间单位，在山中逐渐推进。在这种情况下，对沿途物产当更加了解，积累了丰富的经验，为以后开发奠定了认识的基础。

我们已经揭示了三星堆的铜、玉、金物质来源于龙门山镇一带，就足以解释宝墩文化系列与三星堆文化差异的根源。

再看一看这里的矿产图吧。在汶川和都江堰之间，只有高处崖壁上有两个很小的铜矿露头。如果沿着河谷底部经过，根本就不可能发现。

一个十分简单的道理，前者沿江而下，未曾接触山中铜矿和玉石、黄金的产地，巧妇难为无米之炊，就不可能进入青铜时代。

后者由于柏灌穿山迁移，途中正好经过了大宝铜矿和其他玉石、黄金的产地，方能给后来的三星堆时期提供物质基础，开创灿烂的青铜文明。

文明历史的发展不仅是时间的演变，还取决于物质基础。三星堆文明岂不是一个最好的明证？

即便退一万步说，就算三星堆的青铜器是从云南运来的。从南方进入成都平原，也必须首先经过新津一带的平原南部吧？

请问，为什么在以宝墩为代表的一系列遗址没有留下半点青铜器的踪迹？

难道宝墩人那样高尚大方，任凭成批的青铜器从鼻子面前经过，不截留一件自己使用？

难道还另有一条绕过宝墩的秘密小道？

难道南来的青铜器根本就不是陆运，平原北部三星堆的青铜器是外星人空运的不成？

请相信事实。结论只有一个，三星堆的铜不是南来的，而是西来的。这就合理解释了一切疑问。

柏灌畅想曲

寻找青铜器工场

——为什么三星堆只有青铜器,没有制造的工地?
——制造工场接近原料产地,是经济的工业配置原则。
——醒来吧,山中柏灌的遗址!请注意,这是一个大胆的预告。
——醒来吧,沉睡的青铜器工场!请注意,这是另一个大胆的预告。

在人们和考古学家的心里,有一个难以解开的疙瘩。

为什么三星堆挖了那样久,还没有在遗址内找到制造青铜器的工场?

这是还没有发掘到,还是别有原因?

其实仔细一想,道理非常简单。不管是三四千年前的原始时期,还是在经济发达的今天,都有一个基本法则。制造工场必须尽可能接近原料产地,这才是经济的工业配置原则。

想一想,铜矿石有多么沉重,在技术水平低下的时代,制造一件成品需要多少原料。当时的人们绝对不会愚蠢到把笨重的原料搬运到三星堆再制造。

从正常的逻辑推想,肯定就在原料产地附近就地制造,只把成品外运,这才是最佳的选择。

想一想，由于当时技术低劣，必定还有许多半制成品和废品遗留在制造工场，可以预料数量一定不会太少。

如果能够采用先进的物探、钻探方法或别的手段，在有关文物管理部门的指导下，在这里进行探寻埋藏在地下的半制成品和废品的话，一旦有文物出土面世，必定会造成极大的轰动效应。

话说到这里，可以阐明一个问题。为什么柏灌时期没有留下太多的记录？关键在于这个阶段主要是穿越龙门山。由于进入了地形复杂的山中，在动态式地断续前进，居无定所，不如在营盘山、三星堆和金沙，能静态式地长期固定居留，所以难以发现文物。

另一个认识上的原因在于过去的学者单纯主张古蜀族沿江而下，忽视了翻山路线。既然注意力不在这里，自然无所发现。不过这也从另一个角度，可以间接推论柏灌翻越龙门山不容怀疑，否则无法解释柏灌遗迹一片空白的事实。

为此，笔者提出几个建议。

建议之一，寻找山中的柏灌遗址。

从大宝铜矿所在处，逆向沿山路而上，从速开展山中考察。特别注意一些可以利用作为居留地点的山间洼地，在此有所发现应该不是难事。如果根据地质图、地形图和航片、卫星照片，以及地球物理勘探等其他科技手段，调动地质人员配合考古人员与当地乡民共同考察，就更加容易完成这个任务。

建议之二，在大宝铜矿附近重点探索冶炼场所。

三星堆遗址和金沙遗址发掘时，存在一个疑谜，何以迄今未能发现冶炼青铜器的地点？

从生产场所应该接近原料产地的原则推想，在当时运输条件和生产水平低下的情况下，与其将大量铜矿石和玉石、黄金等原料，运输到三星堆和金沙加工，不如在原料产地就近设置生产场所，抛弃矿渣和废品后，运出成品更加经济合算。这也是现代生产配置的基本原则。

笔者推测在龙门山镇，也就是大宝铜矿附近，应该有一个以制造器物为主的遗址，可能有大量的各种器物的废品和半成品埋藏。

想一想，一旦发掘出土，岂不是第二个"三星堆"面世？那将会有一个什么样的轰动效应？

由于这里是翻山后，第一个比较开阔的平坦地带，也很可能是柏灌时期曾经居留，以后鱼凫时期继续使用的一个重要地点。笔者与原大宝铜矿老矿工岳兴和反复实地考察后，已经圈划出几个具有可能的地点，建议使用地球物理勘探配合探沟和钻探方法进行发掘。要解决问题总得做一些投入，不妨做一次尝试。

言及这里，笔者要借本书的一点篇幅，悼念我的朋友岳兴和。

2008年汶川特大地震前的5月3日，我应彭州有关方面的邀约，前往龙门山镇考察，采集铜矿标本，准备进一步测定铜矿石的同位素，以及进行其他项目。他上下奔跑，帮助我选择矿石。我给他拍摄了几张照片，还希望再和他合影一张。想不到正要拍摄时，旁边一个人跑过来参与。我紧紧握着他的手说："老岳，我们再来一张吧。"不料相机一下子没有电了，只好遗憾地等待下一次见面。还有下一次吗？我还能看见他吗？永远不能了。

【找矿的岳兴和】

大地震发生时，我正在北京大学。当目睹电视上的灾情时，我立刻拿起电话打听。灾区电话完全不通，连手机也连接不上了。好不容易才接通龙门山镇宝山集团副总任彬的手机，知道了他的噩耗。我不愿意接受这个消息，因为他是那样善良，那样朴实。几天后，我从北京赶回来，亲自到龙门山镇探询。在宝山集团赈灾帐篷的人堆里，我找到了他的外甥，才知道那一天他又到山上的矿点去了，还独自进山到半截河矿区采集标本，正好遇着地震，整座山垮塌下来。至今，也没有找到他的遗体。

唉，老岳呀，我多么想念你！你一生为这个铜矿贡献了一切，山崩地裂竟有这样的惨烈牺牲！山为你筑墓，地为你作床。你和山河同在，结束了你平凡而伟大的一生。不敢提高到中国人民的高度，你至少是彭州人民、龙门山儿女的象征吧！感天泣地，你是多么好的一个老矿工！

建议之三，探寻鱼凫进入湔山的第一个遗址。

《华阳国志》说 "鱼凫王田于湔山"，是在湔山定居、发展农业的意思。

请注意其中一个"田"字，这是一个动词，作"耕"解释。表示到了这里曾经停顿下来，开垦土地，过了一段较长的田园生活。

问题在于他到底在什么地方"田"。

由于原始农耕时期的聚落，总和大面积土地紧密结合在一起。仔细分析，在这一带的山中，湔江左岸的通济一带坐落在地势最开阔的1级阶地上，更加符合居住和开展渔猎、耕作的条件。前人以为海窝子是主要居留地点，但不如通济更加有发现古遗址的前景。笔者估计在通济很可能存在一个未知的遗址，其重要性不亚于三星堆遗址，建议进行调查，看是否有可能获得更多古蜀文化遗存的材料。

古蜀文明第三乐章
——三星堆交响曲

鱼凫走上舞台

——鱼凫是一个时代，还是一个人？
——鱼凫是姓名，还是图腾？
——鱼凫是王朝，还是部落？
——鱼凫从哪里开始一步步走向三星堆？

时间长河静静流淌，古蜀文明翻开了鱼凫的篇章。表演的舞台也渐渐离开了西边的龙门山，进入了山前的成都平原，这里完全是另一个陌生的地理环境。

鱼凫是谁？

《华阳国志》说得很清楚，他是古蜀族开山始祖蚕丛之后，紧跟在"次王柏灌"后面的另一个"次王"。由于全都出自西边的龙门山中，不用说三者有一定的关系。所以他和蚕丛、柏灌一起，合称古蜀的"前三王"。

鱼凫为什么叫这个名字？

也和蚕丛、柏灌一样，自有其特殊来历。

《毛诗注疏》："凫，水鸟也。"这种鸟和考古学家嘴里的柏灌鸟不一样，至今还生存在世间，就是鸬鹚，俗称鱼老鸹，以善于捕鱼而闻名。从这个名字来看，这时候古蜀族已经离开莽莽大山，进入平原水乡开始一种新的生活了。

让我们再问一句，鱼凫是谁？真的仅仅是一个人吗？

这话好说，也有些不好回答。

说这话好说，是因为《华阳国志》说得明明白白的，这就是蚕丛、柏灌以后的又一个"次王"，可以视为一个具体的人物。

说这问题不好回答，因为鱼凫存在的时间跨度太大。《蜀王本纪》说，蚕丛、柏灌、鱼凫"此三代各数百岁，皆神化不死，其民亦颇随王化去"。

这话是什么意思？如果说这"前三王"全都活了几百岁，只有鬼才相信。如果说三者是三个时代，倒有几分道理。可是"时代"不是"人"，怎么会有什么"神化不死"的事情？

客观看待这个问题，应该将"前三王"看作是三个时代，分别代表古蜀族生活在岷江上游河谷、翻越龙门山迁移、进入成都平原定居的三大阶段。不同阶段的地理环境不同，生活方式有别，分别以"蚕""鸟""鱼鹰"为图腾，赋予了不同时代的特殊烙印。前面已经大致计算出柏灌翻山的过程是300年左右，蚕丛、鱼凫的定居时代更长，"此三代各数百岁"的话就容易理解了。

至于在这样漫长的阶段里，曾经先后有几个"王"，那是另外一回事。如果真有其事，也可以套用外国历史的一个办法，暂时称为鱼凫一世、鱼凫二世、鱼凫N世好了。

《华阳国志》紧接着"次王柏灌"说："次王曰鱼凫。鱼凫王田于湔山，忽得仙道。蜀人思之，为立祠。"《太平御览》卷八八八也说："（鱼凫）王猎至湔山，便仙去，今庙祀之于湔。"

这里提到的鱼凫是死在一个具体地点，好像是一个人，而不是整个时代的代名词了。

关于"鱼凫王田于湔山"的问题，我们已经在前面讨论了。根据笔者分析，应该在今天彭州的通济镇、海窝子一带。这个"仙去"的鱼凫可能是一个人，是鱼凫时代的第一个首领。借用一个习惯的说法，可以认为他是"鱼凫一世"。他生活在湔山之中，紧接柏灌时代。从笔者前面的分析可知，柏灌翻山最后到达今天的龙门山镇一带，和鱼凫可能"田"的通济镇紧密相连。这在时间顺序和活动地域上都完全说得过去。

如果笔者这个推想属实，就可以勾绘出"前三王"时期的一个连续发展的图式。

1. 蚕丛阶段古蜀族定居在岷江上游河谷。

2. 柏灌阶段古蜀族在山中缓慢迁移，沿途发现了大量铜、金和玉石原料产地。翻越龙门山，最后到达今天的龙门山镇一带。

3. "鱼凫一世"在邻近柏灌迁移的终点，山中最广阔的通济坝子开始发展种植业，也进行捕鱼活动。

4. 鱼凫部落顺着湔江出山，顺流而下直达几十千米外的三星堆，营造出灿烂辉煌的三星堆文明。

请注意，柏灌翻山的终点、"鱼凫一世""田"于通济所在的湔山、三星堆遗址三个地点，分布在同一条河流上，相互距离很近。这就是古蜀族从柏灌阶段到鱼凫阶段位置的变化。

关于包括鱼凫在内的"前三王"阶段，笔者在这里想说两点自己的看法。

有人说，三者是"同一民族中，不同名号的三个曾先后统治过蜀国的部落"。

如果这样说，岂不意味着在同一个时期内，三个部落在山内外都存在？试问，有什么实际证据呢？笔者认为三者不过是同一个部族在不同历史阶段，由于生活在不同环境，部落名号有变化而已。岷江上游河谷定居称蚕丛，翻越龙门山阶段称柏灌，进入成都平原定居再改称鱼凫。每个阶段至少都有几百年，几乎相当于后来正史中的一个个朝代。由于生存环境变化，生活方式跟着变化，在较长的相对稳定的时间内，部落的图腾也跟着变化，称"蚕"、称"鸟"、称"鱼鹰"，也不是不可以想象的。同样漫长的时代过程里，有唐、宋、元、明、清；相似的古蜀史前历史中，也有蚕丛、柏灌、鱼凫的演变，又有什么不可以？

有人说，蚕丛、柏灌、鱼凫都是王朝。笔者却又不以为然。

121

须知，王朝意味着具有完整的国家观念。国家有严格的定义，不能随便下定语。按照恩格斯的观点，国家是在氏族组织瓦解的基础上产生的，它与氏族组织既有历史的联系，又有原则上的区别。主要区别在于：其一，国家是按地域划分居民，氏族以血缘划分；其二，国家建立了军队、警察、法庭、监狱等特殊的暴力机关，氏族部落却没有。再说，国家有三个基本要素，固定的领土、人民和政治权力机构。

依我看，古蜀"前三王"所表现出的政治形态，大体还未脱离或刚脱离部落或者部落联盟阶段；无论如何也不符合恩格斯所说的国家应有的条件，也不完全具备国家的三个基本要素。蚕丛、柏灌阶段不过是氏族部落，鱼凫阶段虽然有所进步，但是也不具备十分严格完整的国家条件，似乎仅仅是国家的萌芽状态而已。

从其社会形态来看，"前三王"之"王"应有所区别，蚕丛、柏灌只不过是部落或部落联盟酋长，鱼凫可以勉强称"王"。如果按照约定俗成的观念，所谓"王朝""国家"，以及"国王"等名词，都必须加一个引号，千万不能当真。

最烦的是过去封建时代的一些冬烘老夫子，思想跳不出封建制度那一套东西。研究包括三皇五帝以来的史前传说时期，非要把传说中的黄帝、炎帝，以及其他人物，按照封建时代的观念一一定位，"考证"出其姓氏、别号、后妃、官员，甚至衣服颜色等等。几乎每个人都自幼管理"国家"，年龄全都接近或者超过100岁。一个个全都是道德无瑕的圣人，所处的时代统统都是太平盛世般的至高无上的黄金时代。完全无视这时期的华夏先民们都在一个酷烈无比的全球性灾变气候期内，生活环境异常艰苦，都停留在原始氏族时代的基本事实。这样的万事全都比拟封建时代的观念，千万不要引入古蜀历史的研究才好。

成都平原古城群之谜

——装着房屋、坟墓和田地的古城。
——"城墙",还是"防洪堤"?
——谁是"古城"的杀手?

一、与众不同的古城

成都平原上有许多史前时期的古城,有名的三星堆遗址也是其中之一,留下了一个个千古难解的疑谜。

来到现场一看,使人们难以想象的是,尽管经过了三四千年无情岁月的消磨,田野里居然还留下一道道神秘的土岗子。

这是什么东西?挖开一看,想不到竟是远古遗留的城墙。土层一层层夯得非常坚实,无疑是人工建筑物。里面包含的许多陶片和别的文物,亮出了城墙的身份,全都是三四千年前的东西。三星堆遗址里,也有好几条同样的断断续续的古城墙。

有了城墙就好办!从一道道城墙圈子,就可以大致计算出一座座古城的面积了。

这些古城真大呀!三星堆古城分布面积有12平方千米,最古老的新津宝墩古城也很大。它们几乎能和一些人口稠密的现代城市的规模相比。

人们忍不住会问,在这样大的古城里,也挤满了城市居民吗?

里面到底可以住多少人?当时哪有这么多的人口?

不,请别用现代城市的眼光看待这些古城,别以为这些古城的面貌和今天的城市一模一样,原始时期的"城"的概念和今天有很大的不同。

今天的"城"就是"城"。瞧,城里挤满了人和房屋,穿插着大街小巷。这样的"城",乃是人们"纯"居住的"downtown"。

几千年前的"城"的内涵,可比现在的"城"广泛得多。其中还有一些别的东西,现代人做梦也想不到。

不用说,"城"里有的是房屋。要不,还算是什么"城"呢?

信不信由你,"城"里还有坟墓。

信不信由你,"城"里还有大片大片的田地。

噢,想不到在这样的"城"里,既有包括宫室和平民生活的居住区、祭祀区,还有祖先陵墓所在的墓葬区,以及大片田地所在的耕种区。所有这一切,再修筑一道城墙统统围绕起来,就是现代人无法理解的"城"了。

这是广义的"城"。

现代的"城",是狭义的"城"。

现代人可能怎么也弄不明白,那时候为什么把"城"修得这样怪怪的。

这算什么"城",简直就是"乡"。

这才是真正的"城乡结合",生态环境好极了,空气一定很新鲜。

这算什么"城",简直就是"公墓"。

如果叫一个胆小的姑娘独自住在这里,准会吓得睡不着觉。

现代人可能怎么也弄不明白,为什么把坟墓和田地也装进城里,把一座城修成这个样子。

说起来,道理也很简单。

要知道,当时原始农业出现不久,还像嫩芽一样脆弱,经不起自然灾害的摧残。这是人们赖以生存的命根子,必须百般保护。没有庄稼,吃什么过日子?

要知道,出于尊敬和信仰的心理,祖先坟墓也非常重要。加上浓烈的灵魂观念,认为死去的祖先并没有完全消失。让祖先留在身边,好好保护他们,他们也会好好保护自己。

这就是当时的"城"的观念,和今天的城市大大不一样。

二、是"城墙",还是"防洪堤"?古城的"杀手"是谁?

无论古今,人们生活都离不开水。进入成都平原后的古蜀人,为了取水方便,几乎所有的古城都建筑在河边。

俗话说"洪水猛兽",性情无常的河流,有时的确像是可怕的猛兽。平时看似平静温驯,一旦发起性子来就和猛兽毫无差别。谁也不知道什么时候会突发洪水,淹没房屋、田地和坟墓。为了保护居民安全,也为了保护田野和神圣的墓地,古蜀人干脆修筑一个很大的城圈子,把它们统统围在里面。城墙不仅可以抵抗敌人,也是最好的防洪堤。

请你想一想,要把广阔田野也包围在里面的城圈子,其规模该有多大。它们的功能和现代城市大不相同,千万别用今天的城市标准,看待这样的史前古城。

面对着这些古城,人们有些想不通。成都平原面积并不算太大,当时的人口也不多,为什么在很小的范围内,会有这么多的史前古城密集分布?这是一个难解的疑谜。中央电视台、日本《朝日新闻》和其他各种各样的媒体记者,曾经先后向我提出这个问题。

先别忙着回答这个问题。让我们扳着手指仔细算,这里到底有多少大致同时期的古城?

除了成都平原北部著名的广汉三星堆古城,还有中南部的新津宝墩古城、郫县(今成都市郫都区)三道堰古城、温江鱼凫古城、都江堰芒城古城、成都金沙古城,以及至今还静静沉睡在田野里,尚没有发掘的崇州紫竹村古城、双河村古城、大邑盐店村古城等。

这么多的古城分布在纵横不过上百千米的范围内,密集度之大自不待言。现代大都会周围的卫星城镇，也不过就是这样的规模。

包括上述的《朝日新闻》在内，一些中外媒体记者，还曾经向我提出另一个难解的疑谜。

为什么包括三星堆在内，几乎所有的古城文明都在"一夜之间"突然中断？一个个突然就剪断了历史，好像是一根根拨断了的琴弦。

许多年来人们苦苦猜测。学者们提出了这是战争、瘟疫、政变的结果，不同意见发表在许多论文与专著里，不必一一详细叙述。

在庄严的考古学界之外，甚至有人产生过度联想，认为这里遭受了外星人的破坏。或者认为这些神秘的史前文明本身就是外星人创造的，不知什么原因突然飞回外星故乡，留下了三星堆和别的空空的古城，留给后世人们丰富的想象空间，说得好像是离奇的科幻小说。

呵呵，我也是写科幻小说的，还算是新中国最早的科幻作家之一，也实在想不出这样的点子。当然这只是说着好玩的，言者没有当真，听者也不必在意。可是这样的说法却从另一个侧面，反映出这个问题的复杂性。

试问，为什么这个问题如此难解？

世间岂有不可解的问题！一个非常重要的原因，很可能就是未能联系其他相关科学，在更加广阔的认识领域里，共同深入研究。

请看，那些言战争、言瘟疫、言政变等各种各样的假说，大多停留在推测的基础上，相互不能说服。法庭上要驳倒别人必须举证，科学研究也是一样的。言者就算可以引用几段古书文字，却大多是前人的一家之言，难免主观附会。言证不如物证，缺乏看得见、摸得着的实际有力证据，自然也就难以说服别人。

我看，解决这个问题，还得从古城本身入手，寻找切实可靠的物证，不要书本来、书本去。那种连这种书证也没有，只不过是自己脑瓜里灵光一闪，一个"一家之言"就出来了的做法，就更要不得了。

古城留下唯一的实物,只有一段段残破的城墙。我的主意已定,就从城墙入手吧。

不看不知道,一看吓一跳。笔者逐一观察这些所谓的古城墙,发现了一个有趣的现象。

挖开城墙剖面看,几乎所有的城墙横剖面都是梯形,内外两侧都是斜坡。其修建形式和一般常见的逐层平夯方法不同,而是两侧斜拍夯土建成的。

再仔细一看,又一个现象使人感兴趣。笔者亲自测量了这些城墙的夯土斜面,发现其坡度一般变化在30—40度之间。新津宝墩古城城墙外侧斜面仅有25度,内侧却达43度。外侧斜坡反比内侧缓和,简直不符逻辑,无法想象可以有效抵御外敌。再说,这些城墙的内外坡度都很缓和,我这个年过古稀的老人也能轻易翻过。倘若真是城墙,怎么能抵御原始时期的剽悍武夫?

请注意,这不是什么学问家的皇皇论文,也不是什么书上古圣先贤留下的书证,而是活生生的实物证据。而且,这样的物证实在很多。有道是,事实胜于雄辩。何必仅凭自己的想象和书本,争论得口沫横飞呢?倒不如踏踏实实对眼前这个不会说话的实物进行研究来得实在。

从这些残余的古城墙剖面观察,我不得不怀疑,这到底是不是真正意义的城墙。如果说这就是常见的城墙,还不如说是防洪堤更加符合实际。

道理非常简单。笔者已经在前面开宗明义地说清楚了,研究史前时期的问题,必须放在时间大坐标下讨论,任何将今论古的猜测都是徒劳无益的。当时正值亚北方期全球性灾变性气候横行之时,突发性的洪水对原始聚落的威胁极大。

从另一个角度看,遍观当时古蜀周围地区,并没有真正强大的敌人。

东边的巴有威胁吗?

不,尽管巴和蜀都在四川盆地内,人们嘴里常常把它们联系在一起说成是"巴蜀"。可是四川盆地很大,一个在东边,一个在西边,中间还有缓冲地带,距离还很遥远。不管翻开什么材料,都没有东边的巴和西边的蜀产生过严重冲突的记录。

北方的商有威胁吗?

强大的商王国即便时时刻刻想把弱小的蜀一口吞掉,可是蜀躲在秦岭、大巴山两道山墙后面,好像上了双保险。即使商有心,却也无可奈何。虽然在武丁时期,殷墟卜辞中曾有妇好伐褎、蜀、巴方的记录。但是根据考证,仅仅战于汉中一带,并未逾越大巴山,对安居在成都平原的古蜀族并没有造成实质性的威胁。笔者以为这不过是规模不大的边境冲突,双方仅仅擦枪走火打了一仗。

由于秦岭、大巴山的阻隔,后来秦灭蜀才挖空心思,产生了所谓的"五牛"故事。请想一想,如果远古的商也能够直接威胁古蜀,后来的秦灭蜀,何必耗费那样多的心思?

从这一切来看,笔者以为当时防洪胜于防寇。古城建筑在水边,必须时刻具有防洪的思想准备。与其开几道城门口子,给洪水留下随时可以突然灌进城的通道,还不如修一道完整的防洪堤,把全城团团围住保险。

从这个角度出发,笔者以为这不是城墙,而是一种以防洪为主、防御为辅的"城堤"。说白了,就是围绕在古城周围的一圈防洪堤。

是不是成都平原上古蜀时期的古城,其城墙统统都是防洪堤?倒也不尽然。最早沿岷江刚刚进入平原的古蜀族,对平原地区的土著还不摸底,似乎曾经存在过警惕心理。青城山外的芒城遗址有两道纯防御性的城墙,中间还有一条护城河性质的河流,就充分反映了这种心理状态。不过后来其他遗址的古城墙抛弃了这种结构,逐渐转变为防洪为主的"城堤"形式。再从三星堆、金沙遗址出土的文物可见,一些背缚跪地的奴隶面貌和统治者显著不同,反映出他们属于不同的种族。这些奴隶就极可能是当地土著,且已经被西边山中出来的外来者征服,完全不必担心。古蜀族心理状态的变化,也反映在以防敌还是防洪为主要功能的"城墙"的建筑形式的变化上。

关于这个设想,还可以从所谓的城门问题得到进一步的证明。

人们观察了成都平原上的这些古城,可以见到一段段残留的城墙,却至今也没有找到一个城门。请问,这是怎么一回事?

有人会说,经过了漫长的岁月侵蚀,三四千年前的古城早已被破坏得面目全非。现在留存下来的古城墙都是一段段的断壁残垣,即使有城门,必定早就被破坏得无踪无影了。要想找到当时的城门,岂不是捕风捉影?

这话说得也对,只从理论上很难进行反驳。可是破解这个问题的实证,仔细寻找却不可能完全没有踪影。

有一次,笔者偕同几位考古学家考察郫县三道堰古城,发现了一个有趣的现象。

瞧,这座古城四周的城墙十分完整,几乎保存了整个城圈。可是无论正南、正东、正西和正北,应该有城门的地方,却全都连续延伸,没有任何城门迹象。只有东北角有一个宽约10米的缺口,无论怎么看,也不像是通常见惯了的城门遗迹。这里正好有一道古河床穿城而过,原来这是洪水冲破城墙的遗迹。笔者连忙招呼同行的几位考古学家,指点给他们看。事实胜于雄辩,眼前的情况还需要多讲吗?

说到这里,似乎一下子就明白了。

既然这些古城圈子到处都是倾斜的,可以随意翻过去,何必画蛇添足再修什么城门呢?

既然它的功能主要是防洪,如果开了一些城墙口子,修筑一些城门,一旦洪水暴发,怎么来得及堵塞?还不如未雨绸缪,不留任何城墙缺口。

关于成都平原上的古城群,最后一个问题是它们的破坏原因。

笔者发现包括前述的郫县三道堰古城,几乎所有的古城全都有洪水冲破的遗迹可寻。序言所述,笔者与归国考察的老友童恩正,最后一次并肩考察新津宝墩古城遗址时,我就曾指点着古城墙缺口和旁边一个河流砾石层,提醒他说:"这就是洪水冲破的证据。"

他仔细观察后,十分兴奋地说:"刘兴诗,你立了一个大功劳!"

三星堆古城也是一样的。它的"杀手",就是现在穿城而过的马牧河。

这个问题解决了,另外两个问题也迎刃而解。

人们要问的是,灿烂辉煌的三星堆文明怎么会在一夜之间消失?

人们不解的是,当时成都平原的人口不多,为什么有那样多的古城到处分布?

明白了前面的分析就好办,说到底就是和洪水有关联。

试想,一旦作为防洪堤的城墙被冲开后,由于当时的技术水平很低,就再也没有办法使闯祸的河流回归原来的河道了。当然也不能容许河水畅通无阻地流过城内。万一以后再来一场洪水,岂不是会把全城所有的生灵、屋舍和祖宗墓地统统都冲得一干二净吗?

俗话说,惹不起,躲得起。面对洪水冲开的古城,人们干脆搬家,另找一个地方重新建造一座新城好了。当时空闲的地皮有的是,冲破一座,再建一座。开一句玩笑说,当时没有建委和国土局,完全不用任何机关审批,想开发多少土地就占用多少。一座座废弃的城,一座座新建的城,分布在整个成都平原上。这就是当时大致同一时期内,在小范围的成都平原上有许多古城密集分布,而文明又全都一一突然中断的根本原因。

让我们最后来一个总结吧,重点不妨重复如下。

包括三星堆在内的成都平原三四千年前的古城群,无一例外均毁于洪水。防洪胜于防寇的观念重于一切。当时所谓的"城墙",毋宁说是防洪堤,或者是以防洪为主、防御为辅的"城堤"。这一推论,可以从以下四点得到证实。

其一是古城墙剖面形态。由于经过几千年破坏,其外部形态自然不可作为根据,但是其内部的夯土剖面却是真实的原始状态。笔者逐一进行测量，以宝墩遗址为例，城墙外侧斜面仅有25度，内侧43度，外侧斜坡反比内侧缓和，无法想象这能有效抵御外敌。三星堆城墙夯土剖面倾斜程度甚至更低。

其二是所有古城墙均有被后期水流冲破的遗迹。或是残留穿城而过的古河床，或是残留河流砾石层。从砾石扁平面的倾斜方向，可以测量出当时的水流流向。

其三是迄今为止并未发现城门遗迹。当然这不排斥后期破坏的可能性，但是在郫县三道堰古城所见，整个城圈十分完整，但没有任何城门分布。仅在东北角有一个壑口，乃是后期水流冲破的结果。河水由此伸展入城，一道古河床仍形态宛然。

最后，所有的这一切的根本原因，说到底还是一个古气候的问题。在当时特定的古气候环境背景下，产生了特殊情况，绝不能用今天的眼光来看待这一切。

最近也有人说，三星堆的灭亡，和金沙有关系。二者之间发生过激烈的战争，强大的金沙吞并了三星堆。根据就是在三星堆的祭祀坑里，发现了大量层层叠叠堆积在一起的残缺青铜器。这个三千年前的旷世大战，听起来好像是科幻小说。看来这样说的人不明白，当时祭祀本身就有故意毁坏珍贵器物用来祭神的习惯。不信，请看看，包括三星堆和金沙在内的祭祀坑，没有一个不是这个样子。如果说三星堆这个样子是一场旷世大战，金沙祭祀坑内的器物毁坏，又是什么战争的结果呢？

这个说法还忽视了在成都平原政治中心转移过程中，二者之间还隔着一个杜宇时代。后来才成为开明"王朝"后期政治中心的金沙，怎么可能跳越一个时代攻打三星堆？这不是岳飞杀张飞，杀得满天飞吗？

戴枷锁的太阳

——这是车轮、盾牌,还是太阳的化身?
——这是"太阳崇拜",还是"太阳恐惧"?

一、青铜圈的猜测

三星堆博物馆里,有一个奇怪的青铜圈。

你看,在这个圆圆的青铜圈里,还有一个圆圆的东西,放射出五条臂膀,和外面的圆圈连接在一起。

这是什么东西?

起初有人说:"这是车轮。"

是啊,这是人们的第一直观印象。

真的是车轮吗?

不,为什么只有轮子,没有车身?如果把车抬高到作为一个部落的标志的神圣地位,为什么在这个古城内外,没有当时通车的道路痕迹?

古城里有宫殿,有神庙,有作坊,有房屋,有墓园,有大片的田地。这里有吃有喝,是一个自给自足的小天地,人们可以生在这里,葬在这里,有什么必要和外界常常沟通?有多少物资需要用车子运出运进?

还有人说:"这是盾牌。"

真是盾牌吗？

抵挡锋利的戈矛的盾牌，需要通体坚硬，才能保护藏在后面的身体。怎么只有一个中间空的青铜架子？敌人挺起戈刺过来，岂不会刺穿战士的身躯？

如果只从形象看，这倒像是驾驶汽车的方向盘，可是三四千年前哪会有汽车呢？

这到底是什么东西？大家已经一致公认，这就是一个太阳的模型。圆圆的太阳，放射出五道光芒，和孩子们涂绘的太阳形象一模一样。

这是古蜀族的"阿波罗"，是太阳神的象征呀！

二、"太阳崇拜"说

肯定了这是太阳的象征，让我们再进一步追问，塑造这个太阳轮做什么？专家们几乎一致认为，这是太阳崇拜的实证。

一个根本的理由：万物生长靠太阳。

三星堆原始居民靠种庄稼过日子，自然离不开光和热的供应者，天空中的这个大火球。

【太阳轮】

另一个重要理由:"蜀犬吠日"的表现。

四川的天气怎么样?

在这里坐过飞机的都有深刻印象,上天就等着看云海吧。到过这里的人也有深刻印象,几乎见不着太阳的影子,难得有一个大晴天。初生的小狗看见太阳也稀奇,抬头对着太阳汪汪汪,于是有了"蜀犬吠日"的成语。

面对三星堆的青铜太阳轮,几乎所有的专家都联系四川的这个气候特点,引用"蜀犬吠日"的说法为证,以为三星堆鱼凫时期的气候和今天一样。

猛一听,这话似乎很有道理,不得不使大家信服。许多人又进一步引用古代神话和古今前贤的意见,以为和扶桑木上的太阳神鸟有关。还有专家举例说在四川民歌里,人们热情洋溢地唱着"太阳出来喜洋洋",表现出举手欢迎太阳,大家多晒一下才是幸福的共同观念。

说到底一句话,集中为"盼日"两个字,其实质内容是太阳崇拜的标本。真是再恰当也没有了,难道谁还会说半个不字吗?

三、恐怖的"毒日头"

试问,这真是"盼日"心理的象征吗?我在这里大胆说一句,我同意,也不同意。

我同意,因为这的确是太阳的象征。不以为然者,它却不是现在使人喜洋洋的太阳,而是三四千年前,照耀在三星堆原始居民头顶的一个毒日头!

请别误会了,天无二日嘛。我在这里说的,并不意味着这是两个不同的太阳,而是说同一个太阳在两个不同时期,对地球环境的影响大不一样。

请记住我在前面讲过的,研究古蜀文明历史,必须首先弄清楚所处的时间大坐标。大约在4500年前,全球普遍进入一个灾变气候期。从中国的历史来说,这时相当于黄帝至夏商时期。这时候的主要特点就是持续性的大面积干旱,加上突发性的洪水,给人们的生活造成极大困难。这样严酷的古气候环境,对于刚从宽松适宜的大西洋期出来的原始人类来说,无异于迎头一瓢冷水。生活环境发生的极大变化,在当时的神话传说中反映出来。

为了说明问题,请看一些材料:

《志林》记述:"黄帝与蚩尤战于涿鹿之野。蚩尤作大雾,弥三日……"

《山海经·大荒北经》记载:"蚩尤作兵伐黄帝,黄帝乃令应龙攻之冀州之野。应龙蓄水,蚩尤请风伯雨师从大风雨。黄帝乃下天女曰魃,雨止,遂杀蚩尤。"

黄帝和蚩尤之战,是西来部族和南上部族争夺华北平原控制权的一场斗争。以华北平原之大,原本可以并容当时人数不多的这两个部族,有什么必要一见面就开打?笔者推测,似乎是二者在各自发展中产生矛盾,逐渐敌视而势不两立。因此,这场争斗有比较漫长的过程,而不是一战决胜负。在漫长的时间里,气候环境变化的影响就出现了,冒出什么"风伯雨师"和"旱魃"的故事。剥开神话外衣,探索其实质。贯穿这场争霸战的全过程,有一个极度显著的风雨雾霾和干旱交相替代的气象过程。

让我们再接着往下看,号称上古"极乐盛世"的尧舜时代,又是一幅什么图景。生活在那个时代,据说非常快乐,以至于"极乐"得使后人顶礼膜拜。

那么,这个"盛世"到底是怎样"莺歌燕舞"的旖旎风光?请看两段记述。

《孟子·滕文公章句上》云:"当尧之时,天下犹未平。洪水横流,泛滥于天下。草木畅茂,禽兽繁殖,五谷不登,禽兽逼人,兽蹄鸟迹之道交于中国。尧独忧之,举舜而敷治焉。"

《淮南子·本经训》说:"舜之时,共工振滔洪水,以薄空桑。龙门未开,吕梁未发,江海通流,四海溟涬。民皆上丘陵,赴树木。舜乃使禹疏三江五湖,辟伊阙,导廛涧,平通沟陆,流注东海。"

你看,伴随着长期的大面积干旱,大洪水突然出现了,引出了水神共工的神话和大禹治水的故事。这些神话故事不是凭空产生,而是当时灾变性古气候的真实反映。从"(禹)居外十三年,过家门不敢入"(《史记·夏本纪》),可见其时至少有长达十三年的洪水灾害,这在今日是不可想象的极端严重的水灾。西方所谓"诺亚方舟洪水"发生的时间亦应与此相当。

再看吧!

《宋书》记载:"舜在位十有四年。奏钟石笙筦未罢,而天大雷雨。疾风发屋拔木,桴鼓播地,钟磬乱行,舞人顿伏,乐正狂走。"

《淮南子·览冥训》记载:"逮至夏桀之时……山无峻干,泽无洼水。"

《淮南子·俶真训》里说:"逮至夏桀……三川涸。"

《资治通鉴外纪·夏商纪》记载:"桀……在位以来……百川沸,伊洛竭……一夕,大风扬沙,填宫合之……地出黄雾。"

《说苑·君道》讲:"汤之时,大旱七年。雒坼川竭,煎沙烂石。"

从这些继后的描述可见,大禹洪水虽然规模大、时间长,但是放在时间尺度更大的整个时期里审视,只不过是一个突发性事件而已。贯穿整个五帝和夏商时期的古气候主旋律,应该是极度干旱。上面这些引文写得极其清楚,不用浪费篇幅一一解释了吧。

在这个干旱时期中,汤祷桑林的故事是最典型的例子。

《吕氏春秋·顺民篇》说:"汤克夏而正天下。天大旱,五年不收。汤乃以身祷于桑林……雨乃大至。"

《尸子》说:"汤之救旱也,乘素车白马,着布衣,身婴白茅,以身为牲,祷于桑林之野。"

另一段记录描写得更加传神,出自《帝王世纪》。书中说:"汤自伐桀后,大旱七年。……殷史卜曰:'当以人祷。'汤曰:'吾所请雨者,民也。若必以人祷,吾请自当。'遂斋戒,剪发断爪,以己为牲,祷于桑林之社……言未已而大雨至,方数千里。"

请看,汤在位时,遭遇了一场特大旱灾,接连好几年都不下一滴雨，田地干裂没法种庄稼，给脆弱的原始农业以沉重的打击，可能人心也出现躁动。作为部族领袖的汤面临重大考验，就在桑林祭天求雨。为了感动上天，汤竟不惜以身为祭祀品。这本身就反映出当时的旱情何其严重，人类面临的考验何等严峻。

请注意"言未已""雨大至"这些字眼。翻译成白话文，就是祭词还没有念完，突然来了一场暴雨，这岂不是亚北方期极度酷烈的大陆性气候里，发生突发性暴雨的真实写照吗？凡此种种，不胜枚举，清楚地反映了史前时期古气候的变化状况。

看了这些记载，或许有人会说，这些很多都是神话和传说，能够当真吗？笔者觉得有必要在这里谈一点看法。

史前时期神话的真谛是什么？

在没有文字记载的史前时代，绝大多数的神话，是原始先民对一些不可理解的自然现象的解释，绝非无稽之谈，其中，包含了若干极其重要的古气候和古地理环境的信息。这才是史前神话的真谛。

对史前神话的研究，决不能停留在一般的神话学的诠释。抓住一些充满幻想色彩的神异故事，从故事本身出发，探讨各种各样乌有的神灵，以及种种超自然的力量，将神话学的研究引入烦琐的文字考证和训诂的神秘学方向；甚至全盘接受，把它当成不可动摇的信史。这样做的结果，是远离了事实真相，违背了科学。但也不能对其采取虚无主义的态度，统统一竿子打倒，予以彻底否定。

现代科学工作者的任务，应该是由表及里，去伪存真，透过其怪诞荒唐的故事外衣，深入发掘其内涵的科学信息，从而将神话学的研究带进一条崭新的科学化的道路，并作为第四纪古环境学的重要补充。需要特别指出的是，通过神话传达上古时期的真实信息，也应是原始先民的某种本意；加意其神秘化，应视为对先民初衷的曲解。

看了这些记载，或许还有人会提出疑问，神话毕竟是神话，如果真有这样漫长酷烈的干旱气候，有科学根据吗？

有的！关于亚北方期灾变气候的情况，第四纪地质学家已经在世界各地进行了无数观测研究，有极其明确的结论。相关论文和专著多得不可胜数，有兴趣的读者不妨阅读参考。考虑到现在我们讨论的是三星堆时期的古气候状况，笔者就在这里对当时四川盆地的情况，作一个简要介绍吧。

在亚北方期，高山冰川开始新的活动。青藏高原西部有距今约2980±150年的雪当冰进。青藏高原东部有贡嘎山的贡嘎新冰期、四姑娘山的六尔葱新冰期，都距今3000年左右，属于一个小冰河时代。冰川外围也普遍以干旱为特征，相当于竺可桢划分的距今3000年左右的西周时代的第一寒冷期。

笔者在对以四川盆地为中心的广大西南地区考察后，划分出与世界性的亚北方期相当的江北次生胶结期，其特征也是以极度干旱为特征。

根据笔者研究，四川盆地内外，有一种钙质胶结的沙砾岩层沿江广泛分布，它位于洪枯水位变幅带和地下水溢出带内。是在含钙丰富的水流浸润后，在枯水期出露地表，经过强烈的日晒，水分丧失，钙质沉淀在沙粒和砾石缝隙内，次生胶结而成。一层层次生胶结的沙砾岩层，代表一个个当时不同阶段的平均水面。

根据这个原理，笔者在泸州神臂嘴、泸县杨公马塔，分别测量了水下江北期沙砾岩层的位置，都在现在的最枯水位之下约2米。根据同一原理进一步考察发现，长江的二级支流涪江在三台县附近，当时的平均水位甚至比现在的最低水位低7.16米。它在枯水期已经分解为一个个水潭，只有洪水期才能上下游畅通。三级以下的小支流，在枯水期基本上完全断流。这样严酷的事实，真使人触目惊心。

顺便在这里说说另一个问题。这样恶劣的生存环境，势必对许多野生动物产生严重影响。在晚更新世期间，大熊猫在四川盆地内尚有普遍分布，为什么进入全新世不久，就在盆地内部消失得无踪无影了？不得不使人联想到，大熊猫似乎就在这个与亚北方期相当的江北期内，无法忍受盆地内极端干旱的气候，才可能在这个时候迁移进入盆地西边的山中。在此必须申明的是，我这样说也仅仅是一个大胆的设想。大熊猫迁移原因是不是这样，还需要进一步多方论证，我不敢说得过于斩钉截铁。

四、戴枷锁的太阳，不是"盼日"，是"仇日"

我们在上面说了一大通，明白了这些道理，就有了认识的基础。现在我们可以回过头来，讨论三星堆那个青铜太阳轮的问题了。

我们已经说过了，当时气候最大的特点是干旱。干旱，必定有烈日为害。

请再看一些相关的记载。

《竹书纪年》记载："帝廑……八年，天有妖孽，十日并出。"

《淮南子·本经训》记载："逮至尧之时，十日并出。焦禾苗，杀草木，而民无所食……九婴、大风……皆为民害。尧乃使羿……杀九婴于凶水之上，缴大风于青丘之泽，上射十日……"

请注意，这时候出现了"十日"的概念。

天上哪有十个太阳？所谓"十日"，只不过是一种夸张的语言，反映了当时的太阳特别厉害，气候特别热，给人间造成的影响也特别大，它是极度干旱气候的真实写照。在这个神话背后隐藏的绝对不会是"盼日""喜日"的心情，而是"恐日""仇日"的特殊心理。

这时候的太阳到底有多厉害？

请看《山海经·海外西经》的另外一段记载："女丑之尸，生而十日炙杀之……以右手障其面，十日居上……"

所谓女丑就是一个女巫师，可算是人间神通广大的能人了，居然也被天上的太阳晒死。临死时还用手遮住脸，可见当时的太阳多厉害。

在这个环境背景下，自然而然出现了后羿射日的神话。

它反映了人们对火烫的毒日头的恐惧和仇恨，也反映了当时烈日的危害，已经到了怎样的严重程度。

值得注意的是，他不仅上射十日，还在尧的指令下，射死了大风怪，斩杀了旱魃、巨蟒和别的怪物。把这些统统联系在一起来看，岂不反映出他和当时的恶劣气候环境在不懈地斗争？后羿简直和希腊神话中建立十大功业的大英雄赫拉克勒斯一模一样。

常言道："时势造英雄。"在三四千年前的亚北方期灾变气候环境里，人们饱受恶劣环境之害，无论东方和西方，这样的英雄都应运而生，形成了神话故事中原始"黄金时代"结束后的一个特殊的英雄时代。在漫长的时期里，包括后羿和赫拉克勒斯在内，无数原始英雄人物在与自然的斗争中，显现出非凡的本领，被演绎为种种离奇的神话故事。仔细分析其产生的背景，都和当时古气候环境的独特变化密切相关。

在中国古老的传说中，还有夸父追日的故事。太阳烤焦庄稼，晒干河水，使土地开裂，没法种庄稼。夸父气冲冲地想把干坏事的太阳一把揪住，为了抓住天上的太阳，他竟拔开步子在地上紧紧追赶。他从东边追到西边，一口气追赶了千里万里。口渴了，就趴下来咕噜噜喝干了黄河水。看，描写得多么夸张，多么富于想象！这样的英雄气概，一点也不比后羿差半分。

试问，在这样的气候环境里，哪里会有"蜀犬吠日"的现象和当代民歌"太阳出来喜洋洋"的心情？人们哪还会有半点"亲日""盼日"的念头？有的只能是完全相反的"惧日""仇日"的心理，绝对不会产生什么"太阳崇拜"。持"盼日"观点的人，是不熟悉古气候演变规律，将今喻古了。我认为考古研究必须引进第四纪古气候学和古环境学，不能关门研究，说的就是这个道理。

情况已经非常清楚了，三星堆青铜太阳轮代表的不是"祈日"，而应是完全相反的"惧日"心理。结合当时的古气候背景，紧紧包裹在太阳轮外面的青铜圈，应该就是具有魔法性质的"枷锁"，是一种"限制"和"禁锢"的表现。制作这个青铜太阳轮的人，正是企图用这种特殊的法宝，禁锢毒日头的威力。后羿射日、夸父追日的故事不就正好是这种心理的最好诠释吗?

再打一个比方吧,这个套在青铜太阳外面的圈子,作用是不是有些类似套在孙悟空脑袋上的金箍?

原本被视为神圣的青铜太阳轮,竟是这样一个戴枷锁的太阳,认识的反差何其大呀!难怪在下这番话没有说清楚以前,可能会被认为是醉汉,是妄人,是疯子;甚至被毫不客气地打翻在地,再踏上一只脚,也不会有人同情了。

我这样想,未知读者诸君意见如何?对三星堆这个带圈的青铜太阳轮,是投"太阳崇拜"的票,还是投"太阳枷锁"的票?

知识链接

亚北方期的江北砾岩

湖北宜都以上长江及其支流嘉陵江、涪江、乌江、清江沿岸,甚至广西红水河、邕江岸边,枯水期普遍出露一种胶结坚硬的岩石。1931年,外国地质学家哈安姆将其命名为江北砾岩,俗称"焦巴癣",过去被认为是第四纪晚更新世的标准地层。

笔者发现这并不是一个稳定的岩层。无论什么地貌部位,包括阶地、河漫滩、洪积扇和山地边坡;无论什么时代,从较老的更新世到最新的全新世堆积物;无论什么岩性,只要孔隙度较大,可以通透水流的砾石和沙层,只要分布在洪、枯水位变幅带内,几乎全都可以胶结成为这样的坚硬"岩石"。

它也不是像普通岩石那样铁板一块,而具有向上下左右和由表及里逐渐过渡的不均匀胶结现象。常常上下左右都是松散的砾石和沙,只是中间夹着一层硬邦邦的"岩石"。由于江水冲刷,其上下松散部分常常被冲蚀成深浅不一的凹穴和空洞,只留下中间胶结成岩的坚硬部分,好像是屋檐似的突出在外面,形象十分鲜明。我在湖北宜都红花套的江边看见,河漫滩底部的松散砾石甚至都被掏空了,只留下表面胶结的薄层砾岩,好像空空的乌龟壳一样,有趣极了。

这种沿江分布的奇异岩类到底是怎么生成的？它是天生胶结成岩的吗？

我采集了许多标本，磨片后在显微镜下观察，发觉在砾石和沙粒间的填充物质都是次生形成的方解石。它们的晶体不是常见的规则形态，全都是"将就"孔隙的空间填补进去的。一望而知，这是原来的沙砾堆积后，次生填充的产物。不用说，所有的同类砾岩和砂岩，都是后期次生胶结形成的。

原来这是在亚北方期的极端干燥的古气候环境内，标志性的地球化学元素碳酸钙。无论地下水和地表水里，全都有它。位于洪枯水位变幅带和地下水溢出带内的河漫滩、阶地、洪积扇和其他边坡上，洪水期被水流浸漫，枯水期出露后，在烈日蒸发作用下水分丧失，碳酸钙沉淀下来，就结晶形成方解石，填充在沙砾层的空隙里，把它们胶结得紧紧的。猛一看，好像人工浇灌的混凝土，这就是它次生胶结的全部秘密。

我选择在传统标准地点北碚的何家嘴江边，对江北砾岩分布最厚、保存也最完好的一个剖面取样测定，最后得出一组数据：其中上部距今约 4550 ± 80 年至 3300 ± 1100 年，大致相当于亚北方期；底部距今约 9100 ± 700 年，大致相当于北方期。

在泸州神臂嘴、泸县杨公马塔，我分别测量了隐藏在长江和沱江最枯水位下的一层江北砾岩的深度，距离现在的"零水位"约2米。这就是大约3000年前的平均水位，可以想象当时的干旱程度。

我又在三台县的涪江边，一座正在断流施工的公路大桥的桥墩基坑底部，发现了同样的江北砾岩层。实测它的最低部位，计算出当时涪江的常水位，较现在最枯水位低达7.16米。由此可见，当时作为长江二级支流的涪江，枯水期间已经分解为一个个水潭，只有洪水期才能上下游畅通。涪江尚且如此，更小的支流可能完全断流。没有强烈蒸发，哪有断流？没有强烈蒸发，哪有江北期次生胶结沙砾岩？这说明当时的四川盆地内，曾经有一个极度干旱的时期。

这样的气候环境，会造成什么影响？这是一个可以充分想象的课题。我们在成都火车北站附近，一座大楼挖得很深的基坑底部，发现过更新世晚期古老的纳玛象化石，埋藏在第四纪初期的沙砾石层里。往后的三星堆时期和金沙时期内，这种古老的象已经绝迹了，只有大量现代种的印度象出现。

这说明什么问题？使纳玛象一类的古老动物绝迹的原因，必定是一个极其严重的古气候灾变。毫无疑问，就是在生成江北期次生胶结沙砾岩那个极端干旱的气候里，纳玛象最后绝迹了。和它同时代的大熊猫，在此以前在四川盆地内部还分布广泛，是不是就在这个时候，受不了环境剧烈变化的影响，这才迁移进盆地西部山区？这是一个未解之谜。

贴金的面具

——给自己的脸上贴金的，那会是什么人？
——黄金面罩和权杖金光灿亮，映照出一个时代的旧梦。

三星堆的遗址里，似乎曾经举行过一场假面舞会。

威尼斯和里约热内卢狂欢节的假面具算得了什么，曾经显赫一时的巴黎、维也纳宫廷假面舞会也没法跟它相比。

这里有人世间最贵重的黄金面罩，全是纯净的真金，而绝非廉价的镀金。金光闪闪，真是一派辉煌。

在三星堆的二号祭祀坑里，出土了四个奇异的黄金面罩。两个平头顶的，两个圆头顶的。上面齐额高，下面包住下巴，连耳朵也被紧紧包住，只留下两道宽阔的眉孔和两个大眼眶。都和真人脑袋一般大小，不是缩小的模型。

不用说，这都应该是部落首领使用的。

这几个黄金面罩怎么制作得这样栩栩如生？仔细观察后，得出一个结论：这似乎是用金箔蒙盖在青铜头像上，细细捶打做成的。难怪它们鼻梁突出，额角宽展，好像是一个个活生生的人。

金属黏结不是简单的技术。人们会问，金箔为什么不会脱落？是不是神通广大的巫师施展了奥妙莫测的魔力，用永不消除的咒语，使外面的金箔和里面的青铜连接在一起？

当然不是，快回到现实天地吧，别让荒诞的神话欺骗了自己。我想起来了，当它们出土的时候，考古学家发现在金箔和青铜之间，夹着一层薄薄的枣红色的东西。红外线光谱揭开了这个谜底，原来是一层土漆。三四千年前的古人，早就制造出它，知道它特殊的黏结力。三星堆人，真了不起！

三星堆还出土了一根黄金权杖。金光灿亮，光耀得几乎使人睁不开眼睛。它高贵得不能再高贵，神圣得不能再神圣。

仔细观察它，上面有精美的图案花纹：一支带羽翎的利箭，射中一条金色大鱼，箭头深深刺进鱼头，鱼尾似乎还在用力摇摆挣扎。这幅图案非常逼真，一片片鱼鳞也一丝不苟地刻绘出来，写实手法极其鲜明。

再一看，箭杆上有一只生动形象的鸟，正是鱼凫王的象征。

【圆头金面罩】

【方头金面罩】

【金杖】

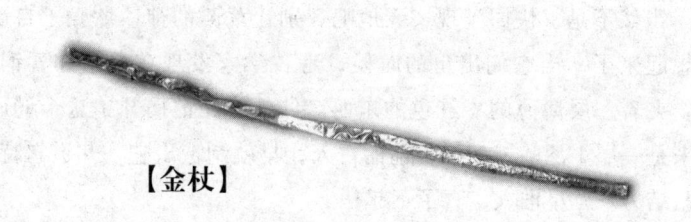

　　这根黄金权杖是用一层薄薄的金箔,包裹着木棍做成的。三四千年前就能把金箔捶打得这样薄,真了不起!当它出土的时候,里面还残留着炭化的木渣。里面的木头早就腐朽了,只留下外面的金箔,活像是蜕下的蛇皮一样,软绵无力地被撇在这里,给人以"金箔其外,朽木其中"的印象。

　　这就是对往昔一切王权的嘲笑吧。一切都随风而去,还有什么可以傲于人间的?

梳辫子的三星堆男子汉

——"落后"的辫子,"进步"的辫子。

女人的辫子不稀奇,男人的辫子才有趣。

信不信由你,男人的辫子也有辩证法。

请问,中国的大男人什么时候开始梳辫子?

人们十有八九会说,这还不明白,当然是从清朝开始梳辫子。电视里看不完的清宫剧里,所有的大男人不都拖着一根长长的辫子吗?

不,三四千年前的三星堆人就开始梳辫子了。这才是最早留辫子的中国男子汉。

看吧,三星堆博物馆里陈列的青铜头像,几乎全都像姑娘一样,在后脑勺上拖了一根大辫子。有的还把辫子盘在头顶上,和电视剧里清代男人一模一样。

为什么古老的三星堆人也留辫子?这包含着生活里的科学。

原始时期,人们从来也不修剪头发,只能披着长长的乱发,好像今天一些惊世骇俗的嬉皮士。三四千年前的三星堆人就不一样了。他们头上的辫子是在原始生活中总结出的经验,倒还真有几分值得称许的文化。要知道,生活在茂密的森林里,披散的头发很容易被树枝钩住,无论打猎追赶野兽,还是来往走路都很不方便。如

【带辫青铜人头像】

果有一只凶猛的野兽扑来,头发被钩住了,怎么能逃命呢?人们总结了经验,学会了梳辫子,这就麻利得多了。

　　三四千年前的三星堆人梳辫子,原来是这样发展起来的。不用说,这对生产和生活有许多好处,是富有进步意义的辫子。

　　既然有进步的,那还有落后的辫子吗?

　　有的!清兵入关后,把梳辫子的习惯在全国各地强迫推行,提出留发不留头,谁不梳辫子就砍人脑袋,这就没有半点积极意义。男子汉拖着一根长辫子难看已极,难怪会被外国人取笑为猪尾巴。这样的辫子,毫无疑问就是落后的辫子。

　　想不到原始时期梳辫子,还包含着生活里的科学;在不同的时代留辫子,还有进步和落后的区别!男人梳辫子,女人缠小脚,最丑陋难看,是过去我们民族的羞耻。想不到现在一些人的脑瓜里,竟将肉麻当有趣,挖空心思在屏幕上制作出这么多丑陋的"辫子剧",不知反映出自己的什么心理。

　　笔者顺便在这里呼吁一句,请少拍些拖辫子的清宫剧,少出一点洋相,好不好?

超短裙和文身

——超短裙加文身,几千年前别样的时髦。
——这是爱美的象征,还是气候的佐证?

夏天来了,街上流行穿超短裙。

请问,超短裙是什么时候出现的?

哈哈!谁不知道,超短裙是现代生活里的一个景观。

不,早在三星堆时期就有了,那才是超短裙的老祖宗。

你不信吗?请到三星堆博物馆去看看吧。这儿有一个残留了一半的青铜鸟足少女像,穿着一件露出膝盖的短裙子。按照现代观念,这是不是超短裙?超短裙就是以其长短露出膝盖为标志的嘛。

想不到三星堆人的梳妆打扮,除了老古董辫子,还有这种"现代派"的服装。

再仔细一看,又有一个值得注意的特点。这条超短裙上有十分精美的图案,下面拖着整齐的流苏,制作非常精致。这条裙子紧紧包裹在少女的腿上,很像是丝织品,似乎还有一些弹性呢。

是否真有弹性当然还需要更多的证据,但至少表明当时的纺织技术已经达到了相当高的水平。

仔细想一下,当时的姑娘为什么要穿超短裙?

这绝对不是为了追求时髦,而是生活的实际需要,也透露了一些古气候的消息。试问，如果不是气候炎热，姑娘们怎么会露出膝盖，穿这种奇异的超短裙？

再仔细一看，在这条超短裙下面露出的腿上，还有文身的图案。

想不到在那样遥远的时代，也有了这种爱美的习惯。既然穿超短裙露出了裙下的美腿，自然就可以在腿上文身装饰了。说起来，这也是生活太平富裕的一个侧面反映。

一个证据是孤证，再有一个证据就能够充分说明问题了。

三星堆博物馆里，还有一个头顶着尖顶圆樽的跪坐妇女。她裸露着上身，两个滚圆的乳房也露在外面，身上只穿着一条露出膝盖的超短裙。

这条裙子上面没有美丽的图案，也没有裙边的流苏，比前面说的那一条差得多。显然这是一个地位低下的奴隶，身份不能和前面所说的青铜鸟足少女相比。但是不分地位高低，她们都穿着同样的超短裙。这岂不是充分表明这种裙子符合当时的生活需要，不分地位高低，不管什么人都穿吗？

为什么这种样式的超短裙符合生活的需要？唯一的解释，只能是受到当时气候环境的影响。如果不是天气热得受不了，谁会只要风度，不要温度，冒着风寒穿超短裙呢？

请密切注意，三星堆的超短裙不仅反映了当时的生活习俗，还是古气候炎热的一个很好的佐证。

【跪坐妇女像】

三千年前的火锅

——信不信由你,这是火锅的老祖宗。
——我绝对相信,这是美食的老传统。

三星堆的"衣"如此,"食"又如何?首先得说说火锅。

四川火锅天下闻名。成都的大街小巷到处都有火锅。有人说,到了成都不吃火锅,等于没有到过成都。这话一点也不错。

请问,成都火锅什么时候开始出现的?

不说不知道,一说吓一跳。想不到早在三四千年前的三星堆时代就有火锅了。

这是真的吗?

当然是真的!请看这里出土的陶三足炊器:三只脚支撑起盛放食物的空心圆盘,下面架起火燃烧,一个活脱脱的古代火锅,就呈现在人们的眼前了。

瞧见这个原始的火锅,人们忍不住会问:为什么那样早就有火锅了?

这是原始时期的特殊生活决定的。

远古时期,当人们刚刚学会制造一口"锅"的时候,不用再像最早的原始人一样,用手抓住血淋淋的兽肉,在火上面烤一下就吃。为了方便,他们就开始用几块石头支撑起"锅",做出一个特殊的锅架，学会在"锅"里煮着吃了。随着生活一天天进步，再用几块石头支撑起"锅"多难看，想必经过长时间的摸索，人们就慢慢制造出这种最早的三脚火锅了。

想不到，三星堆的火锅有这样悠久的历史，成都火锅也找到了更加早的起源。成都火锅天下第一，从此有了更加深厚的意义。

成都不仅火锅有名，别的饮食也很有名气，自古以来就流传着"吃在成都"这句话。

人们品尝了成都的美味佳肴，还会问：成都的饮食什么时候出名的？想不到这和三四千年前的三星堆时代也有密切的关系。

你不信吗？请看这里出土的一些特殊的食具吧。三星堆的代表性陶器是小平底和尖底陶罐、高柄豆、鸟头把勺。这些食具的体形都比较小，制作十分精巧，不像同时期中原陶器如鼎、甗那样大。这有什么特殊的含意？正充分反映了当时三星堆人的饮食重质不重量的习惯。这样的习惯流传了下来，直到今天，成都还和北方不一样，什么食品都重质不重量。看来，这不是偶然的吧。

1950年，笔者到北京念书，就在城内沙滩的老北大就读。课余随便走进学校附近一家小食店要一碗面，店老板张口就会问："半斤，还是十二两（当时是旧秤，每斤十六两）？"吓了我一跳。在四川老家，说一碗面，就是小小的一碗，哪有什么重量观念。多也不过是二两、三两，绝对不会是半斤、十二两呀！由此可见我们老家吃饭重质，食不厌精；北方吃饭重量，食不厌多。联系到三星堆食具和同时代北方食具的差别，这不同的饮食习惯倒是由来已久了。

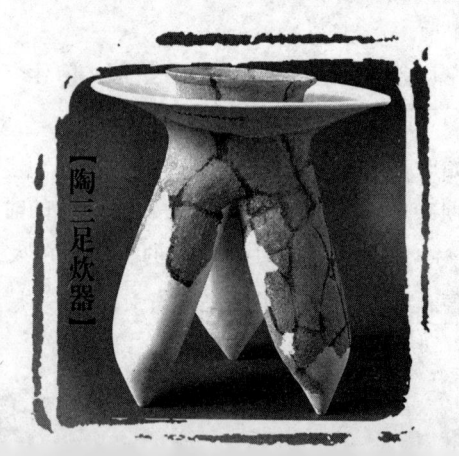

【陶三足炊器】

我想飞

——"马踏飞燕"何足奇,"脚踏老鹰"更奇妙。
——"鸟头人身"算什么,"人首鸟身"更高超。

自古以来,人们瞧着天上的星星和云彩,瞧着自由自在飞来飞去的鸟儿,就忍不住想跟着飞上天。

我想飞!这是多么瑰丽的幻想啊!

三星堆的古人也想飞。

你不信吗?请看一个奇特的雕塑,在默默地向世界表达它的心愿呢。

这儿有一个奇特的青铜鸟足少女,紧紧地踩在一只飞鸟的脑袋上,就是这个心愿最好的形象化的表现。

为什么少女会有鸟一样的脚?

因为她想飞呀!

为什么她脚踩在一只飞鸟的脑袋上?

因为她想飞得比鸟儿还高呀!

从图形观察,这鸟儿是一只鹰。

鹰是天空中的鸟王,飞得比别的鸟儿更高。它的脖子上带着云纹,表示它高高地飞在云彩之上。青铜鸟足少女踩着它,比天空中最了不起的鹰王飞得还高。多么神奇啊,充满了丰富的想象力!

【青铜人首鸟身像】

谁都知道，北方丝绸之路上发现的一个"马踏飞燕"的雕像，被作为中国旅游的标志物。值得注意的是，这个踏鹰少女青铜雕像也有异曲同工之妙，而且它比"马踏飞燕"更加神奇。"马踏飞燕"只是表示一匹马飞腾得很高，跑得很快。可是三星堆的青铜鸟足少女脚下踩的是鹰，鹰比燕子飞得更高。

这种"我想飞"的朴素理念，在三星堆博物馆里另一个人头鸟身像上，也表达得非常清楚。仔细玩味这个人头鸟身像，似乎比踏鹰少女青铜雕像表达出的理念更进一步。后者仅仅是驾驭一个借体飞上天，前者却传达了一个明确无误的观念："我想飞！"

猛一看，它似乎和古埃及的一些神像一样，仔细一看就大不相同了。古埃及的鸟头人身像，反映了人们对飞鸟的本领的向往，将其幻化为人，作为天上的神灵来尊敬。所以作为主体的是鸟首，人身只不过是凡鸟升华为神的象征而已。三星堆的人头鸟身像却是以人为主体，寄托自己飞的愿望，表现了前面所说的"我想飞"的理想，这岂不是三星堆人的一个瑰丽无比的幻想吗？一个鸟头人身，一个人头鸟身，包含的意义有很大的差异，二者的思想境界自然也有天渊之别。

请看，脚踏鹰首的鸟脚人像和人首鸟身像，都以具体形象表现虚缈思维的手法，明确无误地传达出早在三四千年前，三星堆人就有飞的理想。谁说鱼凫鸟只能扎下水捕鱼，它也有鸿鹄之志，要凌空高飞于九霄之上。

叮当响的铜铃

——这是音乐的证据,还是权威的象征?
——悠扬的铃声,透露出一个时代的信息。

在静静的三星堆博物馆里,我的耳畔忽然响起了一阵幻音。

这是耳朵的错觉,还是心灵联想的声音?

它来自玻璃橱窗里一个个奇形怪状的铜铃。叮叮当当的声音,在奇妙的幻觉里响个不停。

请看这一个,好像是一口小小的倒扣的圆形铜钟。它表面雕刻着怪兽花纹,似乎要使兽神的灵魂融进铃声,才能发出更加清脆悦耳的声音。

它还有两个小小的青铜翅膀,似乎这样才能使铃声飞升上天,让安坐在天顶的神灵聆听。可能这也是耳朵的象征吧?小小的铜铃,陶醉在自己的声音里,听见远方的音响,连忙奏出和声。这样才能互相呼应,使整个天地都回响着高贵的青铜声韵。

再看另一个,好像是一朵倒吊的百合花。张开的花萼,胀鼓鼓的子房,连接着四片修长的花瓣,微微向四面张开,好像迎着春风才刚刚开放。这是用青铜凝固的春天的象征。

它的铃舌是一根小铜棍,其顶端也有花瓣,好像是沾满花粉的花蕊。清脆的铃声,就是它碰撞外面花瓣样的铃壁发出的。谁说冰冷的青铜面具后面的三星堆人,没有一丁点儿幽默和诗意?

这朵铜花般的小铃铛发出的铃声,必定带着淡淡的花香。至少在感觉中是这样的。这岂不是一首有着声音和香味的小诗吗?

【铜铃】

这里还有一个奇异的铜铃。这是一只青铜鸟,有锋利的巨大钩形嘴壳,还瞪着两只圆圆的大眼珠。下面敞开的铃口,藏在长短不齐的颈毛里,造型非常新颖离奇。

仔细一看,原来这是一只凶猛的鱼鹰。正是鱼凫"王朝"的徽标,众民崇拜的图腾。想必是部落酋长本人的御用物品,显示出与众不同的地位。

三星堆出土了43个铜铃,形状各不相同,简直可以开一个史前

【鱼鹰形铜铃】

铜铃博览会了。

　　人们看着这些铜铃，不由会联想到今日所见的一些同样的东西。第一个印象可能就是西安的大雁塔，那里也不时响着一阵阵悠扬的风铃声音。

　　渭水，西风，古塔，风铃，好一幅盛唐时期的风情画！

　　可是，这是三四千年前的三星堆，和泛着铜绿亮光、绽现着龟甲花纹的鼎鼎大名的殷墟同样古老。大雁塔的风铃，算得了什么，至少没有这样古老吧？

　　这些形状各异的小铃铛，绝不是吊挂在屋角下面，献给顽皮的风神的玩具；否则就应该有高大的宝塔和金碧辉煌的殿堂。

　　这些铜铃也不是华而不实的装饰品，而有特殊的功能。

　　这里出土了一个特殊的青铜挂架，很可能就是用来吊挂这些铜铃的。它可以被放在屋子内外，什么地方都行。人们走到哪里，都可以随身携带，好像是现代电铃一样，用来招呼奴隶，或者充当其他的传声工具。

　　小小的铜铃，似乎也传达了古时奴隶社会的一些生活信息。

雕塑出来的"思想"

——别骗人,这哪是什么犀牛角?
——"灵魂出窍"奇又奇,赛过罗丹《思想者》。

人的思想可以雕塑出来吗?

思想是看不见、摸不着的,怎么能够雕塑出来呢?

自古以来,许多雕塑家都在苦苦想着这个问题。如果谁能够把看不见的思想也雕刻出来,那可太了不起了。

思想真的不能雕塑吗?法国著名雕塑家罗丹的名作《思想者》,就是世界公认表现出了"思想"的一个妙不可言的作品。

你看,一个坐着的人,用手支撑着下巴,好像在想什么似的,岂不让人联想起他正在思考什么问题吗?

话虽然这样说,但这个作品只是摆出一个姿势,让人联想罢了,并没有真正把看不见的思想,用雕塑的形式表现出来。如果允许人们胡乱猜测,岂不也可以说成是"疲倦""打瞌睡"以及其他心理和生理状态的反映?

道理很简单,雕塑家并没有把"思想"本身表现出来,只不过留给人们一个想象的余地。俗话说,人上一百,形形色色。既然容许想象,就不得不让大家海阔天空各自想象一通了。如果硬要强词夺理,你说是"思想者",有什么铁证?我说是"打瞌睡",倒是摸得着、看得见的。不信,走进一些会场,看那些长篇大论疲劳轰炸式的演讲中,许许多多打瞌睡者的姿态,就不乏这种形象。请原谅我这个俗人,把这种俗不可耐的比喻,放在大师的雕塑杰作上。这可以予以道义上的谴责,但是要以此为我定罪,我可是不服的。因为这个造型有很大的游移性,留下广阔的想象空间,为什么不能容许别人这样推想呢?

现在让我们回头说说三星堆的"思想"雕塑作品吧。

在三星堆博物馆里,形象夸张的青铜纵目面具额头中央,都有一个方形接口,显然是用以结合其他配件的。后来配件脱落,留下了这个孔洞。这使人产生无限遐想,想知道这到底是什么东西。

请不用枉费心机东猜西猜。这里有一个完整的戴冠纵目面具,展现出了全貌。在额头中间的接口处,安装着一个高高突起的饰物,就是关键之所在了。

【青铜戴冠纵目面具】

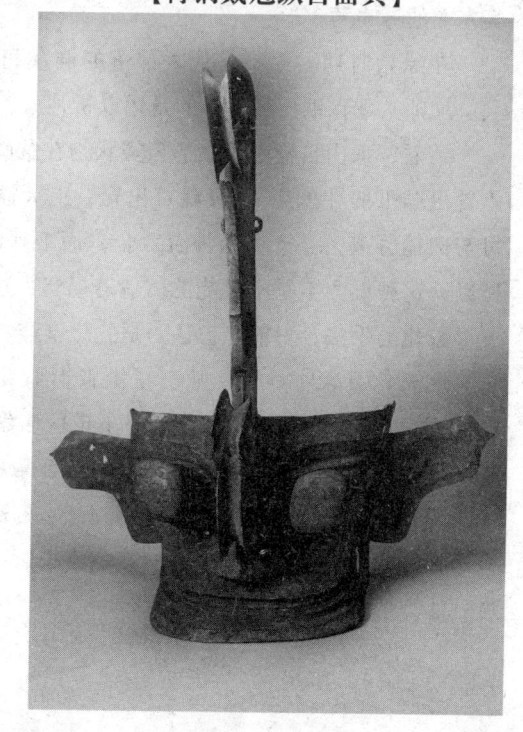

这是什么东西?学者们几乎异口同声地说,这是夔龙的象征。夔龙即犀牛,额部突出物就是犀牛角。君若不信,请看一本本专著、一篇篇论文,几乎都是这样表述的。

请问,真是这样吗?不,别骗我们了。我们小时候就进过动物园,很多人都见过犀牛,知道它是什么样子。犀牛角是尖的,这是人尽皆知的基本常识。可是回过头来,仔细观察三星堆这个"夔龙"的形象,就完全不是犀牛的样子。

看吧,那饰物透过它的天灵盖,从额头中央冉冉翻卷上升,如云如雾如烟,根本就不是尖的。无论从什么角度,也难以设想为锋锐的犀牛角。

再说,犀牛角长在鼻子上,也不在额头上方,二者位置大不一样,它怎么会是犀牛角呢?必须另觅合理的解释。

联系到以幻想和夸张为特点、富于浪漫色彩的这个青铜面具,人们还把纵目联想夸张为"千里眼",又继续发挥设想出"顺风耳",十分巧妙地将身为群巫之长的部落首领的超人才能,表现得淋漓尽致。装饰在同一面具上的额部云雾状物,自必也应符合同样的浪漫手法,十分形象地表现了其具有某种才能,而不能设想为实实在在的犀牛角。

在原始时期,巫师是代表部落的群众和神灵沟通思想的代言人。巫师头戴青铜面具,目的是用以祈神。

请看,那出自额部中央的云雾状物在翻腾上升,可否将其理解为冒出脑瓜的"思想"?灵魂可出窍,上天通神灵。古时认为灵魂可与肉体分离,意念可以神游六合,而巫师便具有这种奇异法力。所以,这种推测不是不可能的。倘若属实,这种将意念性的虚无观念形象化的手法,不能不被认为是三星堆雕塑艺术的一大成就。

啊,这真太奇妙了。从三星堆青铜面具额头上飞出来的"思想",看得见、摸得着,毫无游移不定的多解性,是不是比罗丹模棱两可、可以任意想象的《思想者》高明得多了?

是啊!这就是咱们中国古代雕塑艺术的高明!好像京剧演员手拿一根马鞭,就能表现出各种骑马的姿态,不必像西方古典戏剧一样,非得要牵一匹高头大马上舞台。

形象化的"大力气"

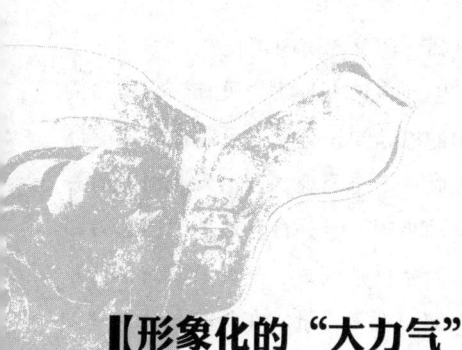

——力学的艺术，艺术的力学。
——谁的力气大？谁的胳膊粗？

三星堆，像是一个神秘的青铜梦，迷惑了无数前来参观的访问者。

这里有数不清的青铜的人像、动物和各种各样的器物，制作无比精美，简直就是一个三四千年前的青铜博览会，也是一个古老的青铜部落生活的真实写照。

走进三星堆博物馆，有一个青铜大立人，静悄悄地站立在无数珍贵的展品中间，非常惹人注目。

它有1.72米高，站在0.9米高的底座上，加起来达2.62米。参观的人要仰起脖子，才能看清楚它，真是一个大人物啊！

仔细看这个青铜大立人，它头戴高高的筒形帽子，上面有野兽面孔的花纹。身上穿着三层衣服，穿在最里面的一层，长长的后摆拖着两个分叉，活像是现在的燕尾服。只看这一身装扮，就不是普通人的形象。

它是谁？在背后的墙上写着"群巫之长"四个大字，表明它是一个大巫师。研究者异口同声说："它就是这个神话般的青铜部落的首领，远古蜀族始祖蚕丛的纪念像。"

参观者迷惑了。它到底是巫师，还是部落的酋长？

它既是巫师，也是大酋长。因为在远古时期，只有部落里的巫师才懂得一点知识，是不折不扣的原始知识分子。只有他们才能带领人们和神秘的大自然斗争，战胜一个个困难，走出风风雨雨的蒙昧时代。人们紧紧跟随着有知识的巫师，十分自然地把他们选为部落的首领。话说到这里，需要给原始巫师翻案。其实最早的巫师并不是反面人物，他们有知识，而知识就是力量。在当时人神不分的时代，有知识的巫师受到人们尊敬，自然成为部落的首领。只是到封建时期，在迷信思想的影响下，巫师才走向了反面，沦为被科学唾弃的人物。三星堆出土的这个号称"群巫之长"的青铜大立人，就是原始知识分子最好的象征。

仔细看这个青铜大立人，发现它的双手和身体相比较，简直大得不合比例。人们不禁会问，雕塑这个青铜人像的原始艺术家，为什么要故意夸大一双手，这是想传达什么意思？

再一看，伸出来的两只手好像握着什么东西。里面的东西不见了，留下的拳孔却表现得清清楚楚。人们产生了浓厚的兴趣，它所握的到底是什么东西？

又一看，两个拳孔未上下对齐。由此可以猜想，当初它握着的一定是一个弯曲物件。

一个又一个问题，形成一个个难解的谜。

有人猜，可能是祭神的玉琮。可是玉琮不是弯的，这个解释说不通。

有人猜，可能是一根弯弯的象牙。可是握着象牙的手，为什么做得这样大？

要破解这个谜，似乎应该以它的异形手掌作为突破口。为什么把手形做得如此巨大？可否作为使用大力气来解释？双手拿着琮或象牙，都不必用大力气，那会是什么东西呢？

从其拳孔大小和形状推测，显然握着的是一个断面为圆形的弯曲物体，用较大力气方可紧紧握住。那么，这会不会是一种难以抓

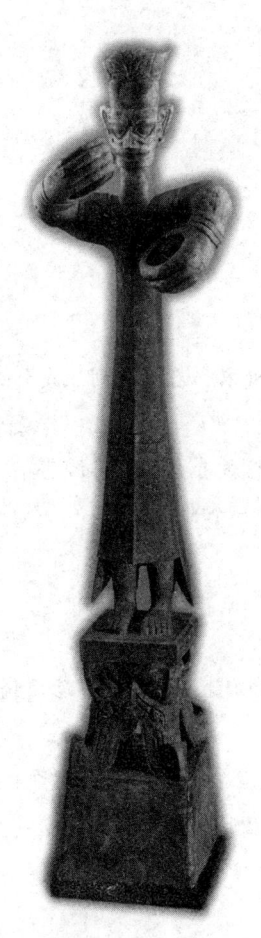

【青铜大立人】

住的凶猛的动物呢？如果是，能弯曲的凶猛动物又会是什么呢？

笔者从实际情况猜测，很可能是一条巨蟒，否则不必用这样大的力量。古时候把蟒蛇当成龙。龙从水，擒龙祭天，应是为了求雨。结合当时的灾变性气候常有持续性干旱的特点，这个青铜大立人手握一条大蟒蛇，和祷桑林祈雨的汤一样，持龙求雨，便是顺理成章的事情了。活蟒不会轻易就范，要想紧紧抓住它，必须要用很大的力量。这个塑像的两只手做得这样大，是不是暗示人们，这就是"大力气"的象征？

想一想，力气是一个多么抽象的东西，想不到三星堆博物馆里的这个青铜大立人，竟非常形象地表现了出来，真了不起！试问古往今来的艺术家，谁能达到如此奇妙的艺术境界？

三星堆古动物园

——脱下"神鸟""神兽"的神秘外衣,看一看到底是什么东西。
——这不是一般的青铜器皿,它们隐藏着古气候的信息。
——三千年前的古"绿洲",造就了一个世外桃源。

三星堆遗址里,有一个神秘的古动物园,藏着许多珍禽怪兽,静悄悄地等待着人们鉴定。

可惜呀,实在太可惜!过去的研究者没有充分重视这个问题,仅仅停留在"神鸟""神兽""铜鸟""铜兽"的表述,未能进一步区分其种属;也从来没有想过,敞开大门欢迎相关专业的动物学家走进来,协助研究清楚。这种关门主义的研究方法,无异于将科学研究引入死胡同,实在令人感到惋惜。

在下仔细观察后,深深地觉得这些动物造型丰富,现实感十分强烈,绝非随心臆造,需要从相关专业的角度逐一鉴定清楚,

【青铜大鸟头】

【铜鸟】

方有利于研究工作的进一步深入。

　　针对眼前的情况,当务之急似乎应该请进生物、地质、气象、水文、铸造、建筑、医学、生理等各方面的专家,从不同方面协同工作,不要仅靠文献与金石的古典式研究方法,也不要仅从神话中寻求答案。考古部门也应派出人员进修,建立一支全方位的新型研究队伍,不致产生和其他学科认识上的脱节。借此机会进言,未知有关专家是否接受。读者诸君请原谅我,在这里插入这样一段话。在下以为这是一个至关紧要的方向性和方法性的大问题,必须大声呼吁。

　　这里出土的鸟类形象很多,最引人注意的是作为鱼凫"王权"象征的鱼鹰。无论是在"王家"标志的器物、祭神的礼器上,还是在生活器皿上,几乎到处都可以见到它的踪迹。仔细观察这些"鱼凫"的形象,似乎可以分成两种:一种是鸟头勺把的造型,嘴壳长,喙尖,仅有少许弯曲,和鸬鹚图谱相近;另一种青铜大鸟头,

【戴胜】

大眼短嘴,喙尖弯曲明显似钩,则是另一种泛称鱼鹰的鹗,二者应该严格区别。

除了到处可见的"鱼凫"的形象,对照鸟谱观察,一只造型最佳的铜鸟应是戴胜,其显著的羽冠和尖长的嘴喙,清晰地表现了它的特征。另外两只铜鸟具有张开的美丽尾羽,一只还有冠羽,可能是雉和锦鸡的变异造型。

一个攀缘在柱形器上的羊龙,明显是古时龙门山中常见的岩羊。它拖着鳞甲毕露的长长的龙身,却有一个典型的羊头。颌下的胡须,头顶向后方两侧分开的粗大的弯角,可以作为鉴定根据。

此外,这里还有虎、象、蛇、蛙、鸡和其他鸟类等。可以鉴定出的鸟类有戴胜、鱼鹰、鸬鹚、鹗,以及雉或锦鸡的变异造型等。所有的动物信息,都集中表现出典型的南暖温带和亚热带动物的特征。如果这些鉴定属实,不仅具有生物学的意义,还能从另一个侧面反映出当时的古气候特点。

话说到这里,可能有人问,你不是说此时此刻正值全球性的亚北方期灾变性气候,四川盆地内,一些河流几近断流吗?为什么三星堆会是另一番景象,有众多的亚热带动物生存?

这个问题,笔者以为是一种特殊的"绿洲效应"。

三星堆所在的成都平原,是位于山前的复合冲积扇平原,和其他地方不一样。尽管整个时期内大面积干旱,可是这里是一系列河流的出山处,并不缺乏水流,只不过要看水量多少,洪水突发程度大小而已。试看今日西北广大干旱地区的众多绿洲,全都是同样的生成原因。还需要说明的是,虽然当时极其干燥,但是成都平原外围广大地区还没有发展成为沙漠,和今日西北内陆的一些绿洲比较,整个大环境还算比较理想。当时气候具有热的特点,山前冲积扇位置还能保证有水。有"热"、有"水",就能营造出三星堆特殊的亚热带环境,此地拥有许多亚热带动物就一点也不奇怪了。

最后,由于三星堆有"龙",有必要对"龙"的来由简单说几句。

一般以为"龙"来源于鳄。这个说法对,但也不尽然。

其实"龙"是一种想象中的神秘动物,神通广大,受人崇拜。古人以为的"龙",各地对象不一,不能以一概全,认为普遍都是同一种动物的象征物。鳄固然可以想象为"龙",在不同地方,不同具有神异特征的动物,同样可以视为"龙"。三星堆遗址里出土的各种不同的"龙"的形象,充分说明了这个问题。

请看,这里不仅有羊龙,还有蟒龙和猪龙。形形色色的"龙"集中在一个地方,反映了三星堆人的思想活跃程度。人皆言三星堆青铜文明灿烂辉煌,但没有活跃的思想,焉有文明的结晶?再者,这也反映了三星堆时期的多神崇拜,特别是自然神的崇拜,并非仅有处处推崇纵目蚕丛的唯一的祖先崇拜,也不仅有巫师代表人群敬奉的天帝崇拜。多元化的神的崇拜,本身就表现出三星堆人丰富多彩的思想。

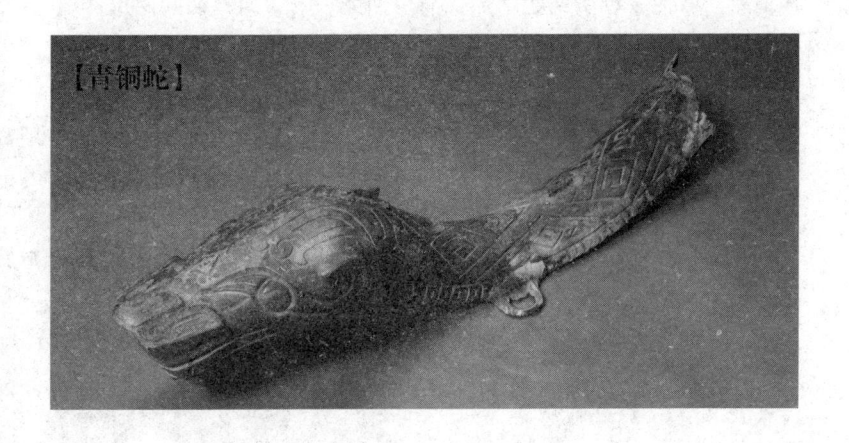

【青铜蛇】

‖神秘的象影

——象牙不仅能做艺术品,也能透露环境信息。
——你可知道,这里曾经是野象的王国。

  三星堆有大量象牙出土。一号祭祀坑出土象牙13根,二号祭祀坑出土象牙60多根。关于其来历,有异地运入和本地出产两种说法,需要在这里专门进行讨论。
  有人说,三星堆的象牙来自云南。笔者有不同看法,以为均是本地所产。为了说明问题,需要简单回顾一下第四纪期间四川盆地内象的活动情况。
  有人宣称,自己在2008年首先"发现"了亚洲象化石。这显然是不熟悉地质学界的工作,也不符合实际情况。不知者不为过,只是不要自以为是、再继续误传就行了。但是由于这个消息已经通过媒体和网络传播出去,被到处转载,所以也不得不说清楚。
  众所周知,第四纪期间四

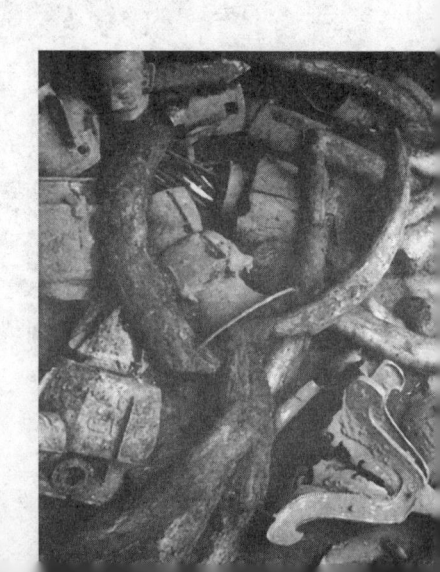

川盆地的象，主要有东方剑齿象和大致并存的纳玛象。其中，东方剑齿象—大熊猫化石动物群，曾经广泛分布在中国广大南方地区。东方剑齿象和其他一些更新世特有动物，随同最后一个冰期结束而消失，仅大熊猫保存下来。纳玛象继续发展演变，是现代亚洲象和非洲象的直系祖先。三星堆和中国北方殷商时期所见的象，就是这种亚洲象。

四川盆地的纳玛象和亚洲象极其丰富。20世纪80年代初期，笔者在指导四川省第一区域地质测量大队的1:20万地质填图野外工作中，在广汉城东数千米，距离三星堆不过一箭之遥的地方，在晚更新世广汉黏土中，发现了纳玛象臼齿。这证实了纳玛象在成都平原的存在，也暗示了这里的亚洲象在生物种系发展树上有直接来源。后来三星堆的亚洲象是就地发展，并非无本之木。

与此同时，笔者与四川省第一区域地质测量大队李洪云、廖成富等，在野外工作中，曾经在德阳黄许二级阶地的广汉黏土内，发掘出亚洲象的巨大门齿化石。其中一颗的保存长度达1.45米，最粗处围径48厘米，石化程度较浅，部分已经风化剥落。这个标本连同前述在广汉发现的纳玛象臼齿标本，均保存在该地质队。这里距离三星堆很近，可以进一步诠释三星堆亚洲象群的起源。

此外，成都理工大学曾经在成都火车北站右侧，一座宾馆大楼的建筑基坑内，发现同样的亚洲象化石，现保存在成都理工大学博物馆。成都理工大学古脊椎动物专家何信禄、李奎、蔡开基等教授还先后在乐山、乐至、安岳等地发现同样的亚洲象化石。笔者经手者亦多多，这样的地点不胜枚举。其中值得特别注意的是，安岳和其他一些地点的亚洲象的时代很晚，

【三星堆出土象牙】

属于全新世,这就和三星堆的象完全结合起来了。从晚更新世到全新世,四川盆地内的亚洲象这么多,有的就在三星堆旁边,表明三星堆象牙毫无疑问出自"土产"。试问,有这样大量的出土化石为证,三星堆的象牙还需要千里迢迢地从云南搬运来吗?

话说到这里,再讲一段有关四川地区象化石的科学佚事。

1957年,裴文中先生研究资阳人化石地点,曾经认为与资阳人化石伴生的哺乳动物群中含有猛犸象。一些"第四纪冰川迷"抓住这一点大做文章,以为这就是四川盆地在第四纪期间曾经有大面积冰川覆盖的所谓"铁证"。

就此问题,笔者曾专门请教我的老师裴文中先生和世界闻名的象化石权威周明镇先生。

周明镇先生认为这是鉴定的错误,他翻开自己的专著,指点给我看,上面明白写着:"真猛犸象……在我国的主要分布,除东北和内蒙古地区外,在河北宣化附近过去也曾有过报道。在更南地区,过去发现的一些材料,并不是属于这个种的。"他明确对我说,文中"在更南地区"一句话,就是暗示资阳猛犸象的鉴定是错误的。

裴文中先生说,他在同年发表的一篇论文就曾经声明:"丁村和资阳的猛犸象,是不是猛犸象还存在问题。"

裴文中先生敢于公开认错,周明镇先生敢于直接批评。这种实事求是的科学态度,给我的影响,远远超过了问题本身。我在这里不厌其烦地写出这段佚事,除了表示对两位先生的崇敬和追怀,也借此机会宣示这种精神。我们后学者做学问,就应该这样实事求是,不能抓住一点不及其余。

在四川地区,除了实实在在的亚洲象化石出土,还有许多文献记载。笔者试称为"文献象",这是古文献资料中记录的象的踪迹。如《山海经·中山经》里说,岷山"江水出焉……其兽多犀、象,多夔牛"。《山海经·海内南经》说:"巴蛇食象,三岁而出其骨……"《华阳国志·蜀志》记载,古蜀有"犀、象"。唐人戴孚《广异记》"阆州莫徭"条目中,谈到当时在嘉陵江有象活动的情况:"阆州莫猺以樵采为事。常于江边刈芦，有大象奄至，卷之上背，行百余里，深入泽中。泽中有老象，卧而喘息，痛声甚苦。至其所，下于地，老象举足，足中有竹丁。莫猺晓其意，以腰绳系竹丁，为拔出，脓血五六升许。小象复鼻卷青艾，欲令塞疮，莫猺摘艾熟挼，以次塞之，尽艾方满。"这段记录如果属实，就表明四川盆地在唐代还有野象群活动。

但上面这些文献记载，笔者以为不可尽信，也不可不信，必须进行客观分析。《华阳国志》之说出于《山海经》。《山海经》记载古代地理、物产等，有比较高的参考价值。这里所说的"象"，生活在几千年前的史前阶段，毫无疑问就是现存的亚洲象，不可能是早已在晚更新世末已经绝灭的东方剑齿象和纳玛象。

"巴蛇吞象"之说有夸大的成分。试问，多大的蛇才能吞下一只象？从古脊椎动物的化石材料来看，那样大的蛇根本就没有。但是抛开浪漫主义的成分，说这里有巨大蟒蛇和象还是可信的。因为从众多化石、孢子花粉来分析，这里的古地理环境都属于湿热的亚热带，既有象，也有蛇。"巴蛇吞象"这个传说，虽然要打一个折扣，却也基本表明了当时的动物界组成有蛇有象的事实。

至于"阆州莫猺"之说，看来十分详细，却不能不使人怀疑。

试问，假如这是真的，嘉陵江中游有那样多的象，为何不见于地方志以及其他历史材料？当时阆州早已开发，并非阒无人迹的荒野，何来如此秘密丛林？从地质学的角度，在阆中也没有发现任何象的骨骼和其他遗物。我以为这多半是笔记小说的游戏文章，不能作为证实当时当地有象群活动的根据。虽然从我的立场来说，这个材料符合自己的观点，但是严谨的科学态度，不能为了证实自己的观点，不问材料的真实可靠性。

我不太相信"阆州莫猺"的故事，你信吗？

青铜神树猜想

——这是东方的扶桑,还是中央的建木?
——是不是一棵热带大树?

三星堆的青铜神树十分引人注意,也值得深入研究。

这棵青铜神树分为三层,每层有三根树枝。每根树枝上站着一只青铜神鸟,一共有九只,它们尾巴翘得高高的,带钩的嘴壳非常粗壮。人们说,这就是扶桑树上的金乌,是太阳的化身,世上总共有十只这样的神鸟,每天飞起一只上天值勤照耀大地,其他九只就在扶桑树上休息。青铜神树上还有一条巨蟒化身的龙,倒垂着身子从树上盘旋下来,更加增添了几分神秘气息。

我们要讨论的第一个问题,是这棵神树的神话性质。

我国古代神话中,有三棵神树的传说。东方的扶桑在海上的汤谷地方,十个太阳化身的金乌栖息在树上,每天一个升起,九个在树上休息待命。西方的若木,是太阳落下的地方,上面也有同样的金乌栖息。中间的建木,是人们和天上的神祇交流的通天梯,常常有神灵从这里下降来到人间。

关于这个青铜神树的性质,学者大多认为是扶桑,以枝头有九个象征太阳的金乌为证。笔者不能苟同。

道理非常简单,古人向来均以自身居住的地方作为天地中央,岂会刻意附会中原意识，以本身居住处作为东或西？再者，树上有龙从上而降，也似乎反映了天地沟通的观念。将其视为建木和扶桑的混合体，而以建木为主，从而塑造出这样一棵独特的青铜神树，恐怕更加接近实际情况。

我们要讨论的第二个问题，这棵青铜大树是否是某种树木的直接写真。

笔者的怀疑出自两点：

其一，同时出土的青铜头像和大量的动物雕塑，均具有明显的现实主义手法，不知这棵大树是否也一样？

其二，有专家告知，其下的底座就是山，表示这棵树生长在神山上。

不确凿地说这是山，笔者还可以接受。明确说其为山，在下心中就不免产生了疑问。

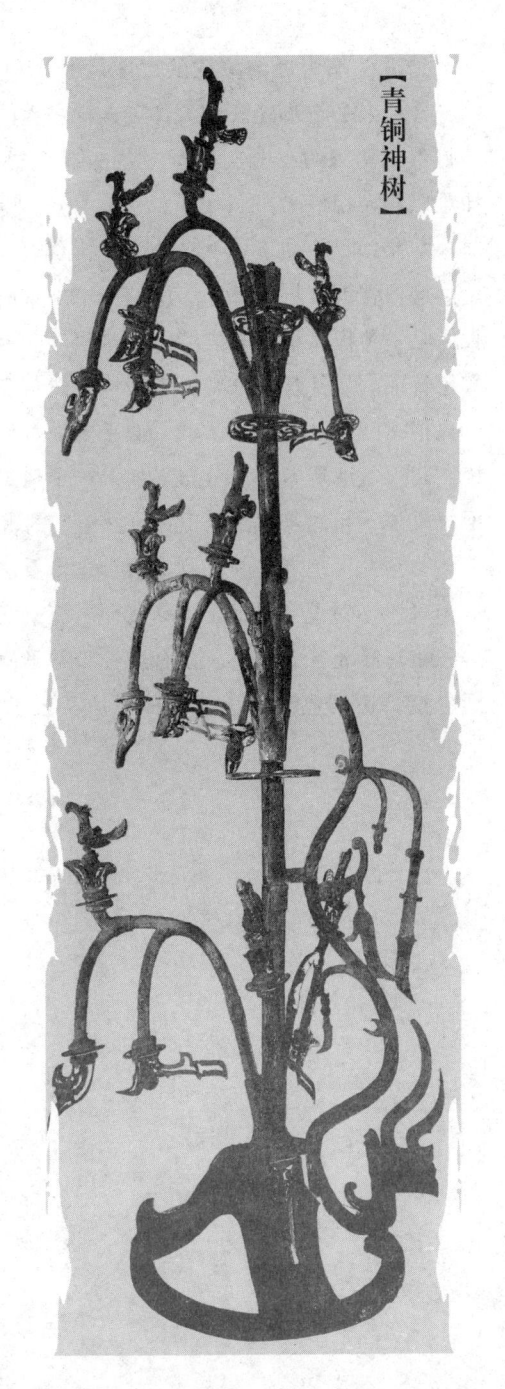

【青铜神树】

请看，作为山的象征的底座尺寸，和巨大的树身明显不成比例，看起来头重脚轻。使人怀疑这样高大的一棵树，是否能够在矮小得不成比例的小山上稳固树立。加以这是一座空心"山"，就更加难以使人相信了。

如果换一个角度，从植物学进行观察，就会得出意想不到的结论。这棵青铜大树的基部，所谓的"山形座"，高高突出在地面上，很像是一种板状根，外表特点非常明显。一些下垂的树枝，又颇具气根特征。从其整个外观来看，像是热带和南亚热带丛林中常见的巨大榕树。树上有巨蟒活动，似乎更加可以作为证明。至今这种榕树在四川盆地还有广泛分布。如果这个猜想可以成立，青铜神树就不仅是了不起的艺术品，也是一件写实的古植物"标本"。

言至此，笔者必须立刻申明，这个看法非常不成熟，自己也半信半疑，不过是说说而已，活跃一下气氛。我并不坚持自己的看法，随时都准备放弃。在没有进一步的确凿证据以前，让我们再回到原点，还是暂时承认这棵神树是从艺术手法出发的，底座是山吧。

海贝和铜贝

——稀奇真稀奇，印度洋的贝壳是怎么来的？
——稀奇真稀奇，三星堆人用贝壳干什么？

三星堆出土了一些贝壳。它们填装在铜尊里，甚至有的直接装进青铜头像的空壳中。

这是对神灵和祖先的奉献？还是在青铜人的脑海里，残留着一个无限瑰丽、无限离奇的海的梦？

值得注意的是，在这些贝壳里，有环纹贝、虎斑贝、拟枣贝、

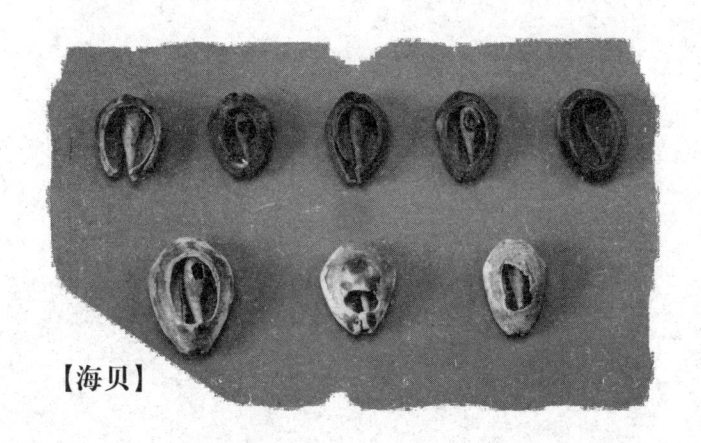

【海贝】

齿贝4种,是来自孟加拉湾的品种。它们仿佛还沾染着印度洋的阳光,残留着波涛的回响,是穿过千条河,万重山,运送到这里来的。不用说,这是神秘的南方丝绸之路早在这个时候就开通了的证据。

古人辛辛苦苦把这些贝壳带到三星堆,绝对不是为了欣赏它的美丽,而是作为货币使用的。古时候,世界上许多地方都用贝壳作货币,中国也一样。早在夏商时期,中原地区就开始使用这种从海边拾来的贝币了。

请看,这些贝壳大多凿了一个小孔,必定是用绳子串起来的。后来的方孔铜钱和铁钱,就是从穿孔贝币发展而来的。

更加值得注意的是,这里还出土了三枚青铜贝币。必定是脆弱的贝壳容易破碎,人们才制造出坚硬的青铜仿制品。

请记住,这可能是世界上最早的金属硬币之一。

从这些贝币可以合理推想,当时必定出现了原始商业的萌芽,开通了连接印度的南方丝绸之路。

这些散发着印度洋气息的贝壳,表明这里早就是开放地区。用传统的中原正统观点看,遥远的西南是偏僻的"蛮夷"地方。如果反过来,从三星堆文明的角度看当时的中原和其他地方,又该是怎么一回事呢?这样的换位思考倒很有趣。

三星堆"古文字"之谜

——这是随手的图画,还是萌芽的象形文字?

古蜀时期有文字吗?

请看,三星堆遗址出土的一些陶器上,留下了一些神秘的图画符号。数一数,整整有七个。这就是当时的"文字"吧?

我们来试一试,是不是可以挨着个儿解读。

第一个符号 ✕:

这是两只交叉的青铜戈吗?两只锋利的青铜戈拦路,是不是含有"此路不通",含有"拒绝""否定"和"危险"的意思?

第二个符号 ∧:

这明显是高高的山峰的写照,是不是含有"高"的意思?

第三个符号 ⌐」:

好像是崖下有一条蛇,正顺着崖壁往上爬。无独有偶的是,今天英文里的"蛇"——snake,那个"S",似乎也有一些象形文字的痕迹呢。

这个字是什么意思,是不是提醒人们可要"小心"呀?

蛇也是"龙"。这个字有没有吉祥的含义?要不,就是描绘蛇的生活环境?

第四个符号 ◊：

这个符号好像是一张弓、一支箭，箭还来不及搭在弦上。这是"准备好了"的意思吗？

第五个符号 ⌂：

这好像是在一座坟墓面前，还竖立着一个大石头作为墓石。这种古代墓石非常普遍，是不是当时流行的大石文化的象征？

它有没有"墓地"和"纪念"的意思？

第六个符号 ⼎：

好像是女性生殖器。原始时期流行生殖崇拜，这个符号好像就是它遗留的痕迹。

它包含着什么深刻含义？是"生育"，还是歌颂"伟大的母亲"？

第七个符号 ◎：

这是一只大眼睛。在这个遗址里出土了许多鼓着大眼睛的青铜头像和面具，都是古蜀族的老祖宗蚕丛的象征。这没准就是"祖先"的意思。

仔细分析这些图画符号，似乎有好几个拉丁字母和希腊字母。不由使人遐想，这些字母是不是也从原始图画符号演变而来的？

如果真是这样，是否可以从今天的字母，推测古时的原始发音？

最原始的图画符号不断变化，似乎逐渐分成了两支：一支沿着象形的道路，演变为今天我们使用的方块字；一支沿着发音的道路，慢慢变成了各种各样的拼音字母。

如果这个猜想是真的，我们就在三星堆见到了两支文字发展的共同源头。

有人要问，真是这样吗？这仅仅是在下的一个猜想，不一定对，供大家讨论批评吧。

关于古蜀文字还要说什么吗？还有一件事不得不在这里说几句。

我的一位朋友说，在四川省平武县白马藏族寺庙内，发现了一种奇怪的图画形式的古蜀文字，可以拼写出"骑马的人""峨眉山"等字句。在下以为这里有几个问题值得讨论。

1.有什么确凿根据，可以断定白马藏族就是古蜀族遗留的一支？

2.三四千年前的古蜀族，何来"骑马""峨眉山"的概念？就算是后世使用这种"文字"书写的，也值得怀疑。白马藏族早有自己的文字，和今天的藏文相同，且早已普遍使用。又有什么必要使用这种臆想的"古蜀文字"，拼写上述内容呢？

3.退一万步讲，就算这是"文字"，又怎么能判断肯定就是古蜀文字呢？要知道，三星堆遗址已经有前述的象形符号，和这种符号大不相同。就算这是"文字"，也绝对不是古蜀时期的。道理非常简单，眼见为实嘛。古蜀的"文字"已经在三星堆遗址出土了，何必再幻想其他形式？

我这样说，可能得罪了朋友。可是考虑这个说法已经在一些媒体和网上到处流传，被一些人当成轰动性的科学发现。为了讨论清楚，斟酌再三还是觉得不得不说。借用前贤一句话，改几个字说："吾爱吾友，吾更爱真理。"其实把情况说清楚，也是对朋友的爱意，请他多多包涵才好。

化干戈为玉帛的理想境界

——银样镴枪头何其多，透露了战争与和平的消息。
——什么是繁荣的保证？只能是持久和平。

武器是捍卫疆土和自由必不可少的东西，三星堆古国自然也少不了。检阅三星堆的武器库，人们发现了一个有趣的问题。

请看，这里出土的青铜戈等实战武器，远少于同样形制的玉石制品，这令人感到困惑。绿莹莹的玉戈十分可爱，却是不折不扣的银样镴枪头，中看不中用。谁舍得用这样的"武器"，在战场上凶狠拼杀，让它沾染上碧血黄沙？

不，这是摆样子的工艺品，乃是祭祀用的礼器，并非真正的杀人利器。杀人利器——布满铜绿的青铜戈少得可怜。一个有模有样的早期"国家"，为什么只有这样几根烧火棍？必须寻觅合理解释。

唯一的解释是，当时没有强大的外敌和残酷的战争，方可生成这种化干戈为玉帛的特异现象。

如前所述，查证古蜀战争历史，似仅有武丁伐蜀一例。而且由于交通不便，当时并未攻入蜀之腹地。一片甲骨文记载，"王登人正（征）蜀"；另一片曰："王击于蜀"。郭沫若考证，击在今陕西南部。似乎这只是一次边境冲突，对安居在秦岭、大巴山屏障后面的古蜀国没有任何影响。

源于资阳人的四川盆地土著，早已被蜀族征服，川东之巴也无任何威胁蜀地的迹象。生活在成都平原的古蜀先民，经历了长达千余年的和平环境，自然废弃兵戈，专心于经济活动，终于创造出灿烂的青铜文化。和平和社会稳定对经济发展的影响，于此可见一斑。

古希腊学者马赛里奴斯，论述东方丝国赛里斯情形时，言其"四周有高山环绕，连续不绝，成天然保障。赛里斯人安居其中，地皆平衍，广大富饶……有两大河贯流之。河流平易，势不

【玉戈】

湍急，弯折甚多。赛里斯人平和度日，不持兵器，永无战争。性情安静沉默，不扰邻国"，不仅详细描述了赛里斯国的自然环境，也特别指出其"不持兵器，永无战争"。这一段叙述可以作为古蜀国长期处在和平环境中，无需多制作武器的旁证，用来解释三星堆时期玉戈多于青铜戈的根本原因。

由此进一步延伸，也可以解释当时古蜀国面临的困难主要是同大自然的抗争，防洪胜于防寇，遗址城墙主要是用来防洪的原因了。

参观三星堆博物馆的人们大多会提出一个难解的疑谜：为什么三四千年前的三星堆人，能够创造出如此灿烂的青铜文明？史前时期具有这样高水平的文明，简直不可思议。无法解释之余，有人甚至以为是外星人的作品，而非地球人的创造。

其实答案很简单，长时期的和平环境，就能营造出这样化干戈为玉帛的理想世界，创造出这样的高度青铜文明。

181

让我们来算一笔时间账。三星堆真正的青铜文明开始于距今约4200年前，以遗址房基、月亮湾城墙为代表的第二期，结束于距今约2800—2700年前的第四期，前后有1400至1500年的漫长时间。如此悠久的历史阶段，没有外敌侵扰，简直让人难以想象，令人羡慕得不知该说什么才好。没有战争的时代，留给三星堆人建设发展的空间何其从容！从这里我们也悟到一个真理：和平环境多么可贵，安定团结何其重要！愿世界以古三星堆人为榜样，也能真正化干戈为玉帛吧！

我爱银样镴枪头的玉戈。您呢？

古蜀文明第四乐章
——杜宇悲怆曲

杜宇的来历

——云南来的"上门女婿",坐上了宝座。
——真正资格的农业专家,人们才想念他。

古蜀历史里,在鱼凫之后,冒出了一个杜宇。

为什么说他是冒出来的?因为他并不在蚕丛以后的"次王"序列,也不是来自岷江上游,即所谓"江源"地方的古蜀族正宗。所以《华阳国志》所说的"前三王",从蚕丛开始,到鱼凫为止。后面再起一段才是这位杜宇先生,明显属于另类。

杜宇这个人到底是从哪里来的,生平情况如何,有不同的记载。

《华阳国志》这样说:"后有王曰杜宇,教民务农,一号杜主。时朱提有梁氏女利游江源。宇悦之,纳以为妃。移治郫邑,或治瞿上。"

这里说他懂得农业生产,教民务农,这是真的。政治中心先后在郫邑和瞿上,娶梁氏女利,这看来也没有大问题。问题在于这段话,根本就没有说清楚他本人的来历。

《史记·三代世表》的索隐中,引《蜀王本纪》说:"朱提有男子杜宇从天而下,自称望帝,亦蜀王也。"《太平御览》也引《蜀王本纪》说:"后有一男子名曰杜宇,从天坠,止朱提。有一女子名利,从江源井中出,为杜宇妻。宇自立为蜀王,号曰望帝,治汶山下邑郫。"

比较这些记载,大致可以看出杜宇这个人最初似乎来历不明。但是入蜀之前是朱提人,大概没有问题。朱提在今天云南昭通,他应该是从南方来的,显然和西边龙门山中出来的"前三王"不是一个系统。至于他的那个名叫利的妻子,任乃强先生考证说,应该属于"江源"古蜀族,并不是真正的朱提人,以为这是《华阳国志》作者常璩的失误。南来的杜宇和西来的正宗蜀族女子通婚,勉强可以算是"上门女婿"吧,这也为他后来成为"蜀王",起了很好的铺垫作用。

这个杜宇怎么取代鱼凫的?

他又怎么被后来的开明取代?

任乃强先生指出,氏族首领是由群众推选的,不一定是上一代首领指定授权,也没有父死子承的事情;但是不管怎么说,都是本氏族的人。而几个氏族联合结盟后,首领更换才有各氏族交替之事。因此他认为所谓鱼凫王"忽得仙道",以及杜宇"帝升西山隐焉"这两句话,与"尧幽囚,舜野死"相同,实际上都是被迫移交政权。他分析说:"所谓'尧舜禅让',只是儒家矫伪的妄言。"这话一点也不错。

杜宇当政有什么表现,由于资料缺乏,很难说清楚。但是从《华阳国志》一段话,似乎可以看出一些端倪。

书中说:"七国称王,杜宇称帝,号曰望帝,更名蒲卑。自以功德高诸王,乃以褒斜为前门,熊耳、灵关为后户,玉垒、峨眉为城郭,江、潜、绵、洛为池泽,以汶山为畜牧,南中为园苑……巴亦化其教而力农务,迄今巴、蜀民农时先祀杜主君。"

在这段话里有值得怀疑的内容。什么"王"呀,"帝"呀,显然是后世附会的妄言。后面一些话不能完全当真,以此来勾绘当时古蜀具体的庞大国土范围;也不必相信东方的巴也受了他的教化,影响真的有那样大。但是从中至少可以引出两点:一是古蜀族所控制的地方或者所影响的范围，比过去"前三王"时代有所扩大；二是在他的领导下，农业生产比过去更加进步。

要不，后世蜀地的民众怎么会在"农时先祀杜主君"？他下台后，又有化身杜鹃呼唤布谷的传说？很可能就是控制范围扩大和发展农业这两点，才使他在部落联盟中得到拥护，顺利取代了鱼凫。二者的权力更替决定于此，不是由于什么流血战斗或其他的推测。

揭开望丛"禅让"的面纱

——鳖灵、鳖灵，像"鳖"一样"灵"。
——鳖灵首开宝瓶口，李冰不过后来人。
——"前王""后王"哥俩好，就看你信不信了。

杜宇之后，紧接着是古蜀最后的开明"王朝"。

开明部落的首领鳖灵，也就是所谓的丛帝，从东边接近巴族分布的地方迁移而来，和蜀族毫无关联。他和杜宇一样，也是一个外来户。

这位鳖灵先生以前可能经常和水打交道，练了一身治水的本领，在对付水上似乎真的像"鳖"一样"灵"。要不，怎么叫这个名字？

这一点对他来说，实在太重要了。

这一点对那时候的古蜀族来说，也实在太重要了。

他带领自己的部族进入成都平原的时候，当时当地是什么情况？

噢，实在太糟糕了。那时候正遇着洪水肆虐，古蜀族当时的首领杜宇，也就是所谓的望帝，面对洪水一点办法也没有。

传说鳖灵刚到这里就亮出了绝招，建立了两个大的功勋。

一是开凿今天都江堰的宝瓶口，使滚滚出山的洪水分流，形成了内江和外江，改变了成都平原上的水系分布，大大减轻了成都平原南部的灾情。这对未来成都的建设和发展，具有不可磨灭的影响。

请牢牢记住，他才是这个水利工程的开创者，完成了排洪的任务。后来李冰在他的基础上，才最后完成了都江堰工程，进一步发展水利灌溉。古书上所谓"开明肇其端，李冰集大成"，"冰因其迹而成之"这些话，都是这个意思。

二是疏通金堂峡谷，排出成都平原北部积水，解决了当时洪水泛滥、人们无法耕种安身的难题。

《禹贡》曰："岷山导江，东别为沱。"《华阳国志·蜀志》曰："开明决玉垒山以除水害。"《水经注·江水》曰："东别为沱，开明之所凿也。"都支持了这个说法。

请注意，其中《禹贡》成书的时代远远早于李冰，更加可以从另一个侧面，印证宝瓶口并不是李冰开凿的。李冰在前人基础上最后完成了都江堰工程，正如秦始皇在六国长城的基础上，进一步完成了整个万里长城一样。

瞧，他一"凿"、一"疏"，一下子就把成都平原南部和北部的洪水问题，解决得一干二净，收拾了社会的混乱局面，结束了人民无法安身的烂摊子；也结束了杜宇"王朝"的统治，开创了一个崭新的开明时代。

在洪水当前、群众处于生死关头的时刻，谁能治水，谁就能获得民心，这是再明白不过的道理。

鳖灵和杜宇的较量，还需要多说吗？

仔细琢磨在这个政权交替的背景下，实际上包含着面对当时防治洪水这个头等大事，代表先进技术力量和落后水平的两个部族，相互竞争较量的深远意义。

在这个依靠先进科学技术代替落后水平的权力斗争中，鳖灵迫使杜宇不得不乖乖让出政权，带领少数死党退回到西边的山中。杜宇摆出一副势不两立的架势，宁愿啃贫困老家的石头，也不吃富裕平原上的粮食，不和胜利者共存共荣。

关于他们之间的权力转移，自古以来流传着"禅让"的佳话。在郫县还专门给他们修建了望丛祠，两个人和和气气地坐在那里，接受后人的参拜祭祀。瞧着这幅情景，简直让人笑破了肚皮。

其实哪有这回事！

《四川通志》里有一段话说得很透彻，我以为是这件事最精辟的描述。书中说："望帝自逃之后，欲复位不得，死化为鹃。每春月间，昼夜悲鸣。"

瞧吧，被赶下历史舞台的杜宇就用这种方式，告诉留在成都平原上没有一起走的遗民说："我不是一只鸟，我就是望帝的魂灵呀！"

请注意，其中一个"复"字，哪有心甘情愿的意思？一个"逃"字，哪有和和气气"禅让"的意思？一个"悲"字，哪有祥和的气氛？"死化"两个字，岂不是"死不瞑目"的意思吗？"昼夜"两个字，岂不说明了心情难过，日日夜夜都睡不好觉吗？

这就是前人所谓的"望帝春心托杜鹃"。其中一个"托"字，也表现出杜宇一种无可奈何的心理状态。他连做梦都在想"复位"，哪有半点谦让的意思？他不像李后主，只是流泪悲叹"一江春水向东流"，一副可怜巴巴的待宰羔羊样，他更像是一个不折不扣的"复国主义者"。

这样说，也许过火了。但是杜宇和鳖灵之间的权力转让，绝对不是什么"和平禅让"却是可以肯定的。

迂腐的后人认为上古、中古时期都是"莺飞燕舞"，把过去的事情想得太神圣了。硬把他们拉在望丛祠里排排坐，表现出一副哥俩好的样子。其实哪是那么一回事，即使见面不打架，保不住肚皮里也在打架的。何况各自手下都有一帮人。他们高姿态，手下人也不会高姿态的。

古蜀文明第五乐章
——金沙奏鸣曲

二十多年前的一个预想

——这不是押宝，也不是算命，是一个合乎逻辑的推测。
——把握住居住选址的要领，把握住从西向东发展的趋势。

20世纪80年代，笔者曾经提示故友原四川大学考古学教授童恩正，密切注意成都火车南站西北角、成都西郊摸底河附近以及东郊猛追湾一带，极有可能发现史前遗址。

恩正问我："有什么根据？"

说来道理很简单。原始聚落选址最基本条件是取水和交通。掌握住这两个基本点，就不难判定某个区域内，原始遗址的分布规律。以成都平原而言，交通便利自不待言，取水也十分方便，剩下一个重要原则就是选择既能耕种也能够防洪的地貌部位。考虑到以三星堆为代表的三四千年前原始遗址，都生成于全新世亚北方期全球性灾变气候期，洪水影响极其突出。当时当地的原始遗址，不应建筑在地势低平的一级阶地上，而应该基本集中分布在1959年笔者所划分的广汉期二级阶地上。事实上成都平原所有的同时期原始遗址，几乎都分布在这个地貌层位上，形成一个规律。

上述三个地点都有广汉黏土分布，属于二级阶地范畴。猛追湾在府河边，背后有大面积的平坦阶地面。西郊摸底河从古地理情况看，当时的水流应该远远大于今天。火车南站附近的广汉期阶地仅有小面积残余，必定曾经遭受过古代河流冲刷。虽然今天这里没有河流，却不能排斥过去有河流存在。这些地点从防洪、取水和耕种条件来看，全都有原始时期文化遗存的可能性。

再考虑到古代蜀族出山后，有一个从西边山前的冲积扇顶部，逐渐沿着水流而下，向东边的冲积扇中部和边缘发展的趋势。这里位于冲积扇边缘，有可能存在古蜀文明最后阶段的遗址。

有趣的是后来在火车南站西北角残余的广汉期阶地上，有原始人遗骸出土，接着又发现了金沙遗址。当初笔者所言成都近郊的三个地方，居然两个应验了，这不能不说是地质学和考古学结合的一个重大收获。

金沙遗址横空出世

——摸底河边的重大发现,震惊了整个世界。
——金沙不是三星堆,你能挖开马路和小区吗?

从1995年开始,成都文物考古研究所在王毅所长的带领下,通过江章华、朱章义等许多专家的共同努力,先后在摸底河北岸黄忠小区的三合花园、金都花园等小区,发掘出一些商周时代的大型房屋遗址,以及灰坑、烧窑、墓葬等遗存,和先秦时期的十二桥文化大致相当,被命名为黄忠村遗址。

2001年,摸底河南岸也发现了许多同样性质的文物,这里应该是一个大型遗址的中心地点。于是考古人员便将北岸遗址合并在内,合称为金沙遗址。

请注意,光辉灿烂的金沙遗址的名字就这样横空出世了。

到今天为止,在摸底河两岸已经有20多个地点有同时期的文物出土。包括南岸的燕莎庭院、梅苑、兰苑、汉隆、齐力花园、金沙园二期和三期,北岸的黄忠小区、罡正、金煜、将王府邸、金牛交通局、芙蓉园、三合花园、春雨花间、博雅庭韵、金都花园、御都花园、羊西线综合楼、金港湾、家在回廊等许多地点。请你打开成都市区地图一一对照,用笔勾画出范围,就可以初步了解真实的金沙古城大概有多大了。

在此需要指出的是，今天的发现绝对不是两三千年前古金沙城址的全部面积，真实的金沙古城必定还大得多。

不用说，金沙遗址的发现有几分幸运，也有几分遗憾。

遗憾的是金沙遗址和三星堆遗址不一样。后者在一片开阔的田野里，基本没有开发建设，所以原始古城墙也有部分保留。而金沙遗址坐落在大城市近郊，不断在大兴土木。实际上随着成都的发展，已经成为繁华市区的一部分。许多原始文化遗存埋藏地点附近，早已修建了大面积的房屋和道路，高楼大厦林立。从前面列举的一些地点就可以看出来，应该还有不少文物散布在一些建筑物和宽阔的街道下面。这里当然不可能像三星堆遗址一样尽情发掘，只能留下深深的遗憾。

金沙遗址的发现也十分幸运，几乎一锄头就挖着了"金娃娃"，居然一下子就发现了一些大型房屋建筑基址、祭祀坑、墓地等文化遗存，基本保留了原来"城"的"心脏"部分。难道这还不是极大的幸运吗？感谢成都市政府、成都文物考古研究所和其他有关部门的配合，才给我们留下了这颗两三千年前跳动的城市"心脏"。王毅、朱章义等考古专家，为金沙遗址所作的不懈努力，我们是不会忘记的。

不要说什么遗憾了。想一想金沙遗址和三星堆遗址坐落在完全不同的环境条件下，想一想它们发现时间的长短，就只有惊叹，而没有太多失落的感觉了。

三星堆遗址从1929年发现到现在，前后有80多年了。以前它长期默默无闻，使它大放光芒、震惊世界的一号和二号祭祀坑，直到1986年秋天才出土。掐指一算，包括富于神奇色彩的青铜面具、青铜神树等文物重见天日，经历了整整57年的漫长时间。

金沙遗址从发现到今天才有几年？一下子就接触到它的"心脏"部位，难道不值得庆幸吗？人类文明只会后浪推前浪，越来越进步。金沙文明必定比三星堆文明更加丰富多彩。我们相信随着时间的推移，这里必定会发掘出更多、更精彩的文物。让我们耐心等待吧！

开明"王朝"建城选址原则

——建都岂能随随便便？基本原则放心间。
——防洪是第一，经济是第二，政治因素不能忘记。

金沙是开明"王朝"的最后一个都城。开明"王朝"的始祖是鳖灵，要说金沙就得从他的建城选址原则说起。

让我们来揣摩当时他的心理吧。

鳖灵既然是治水专家，选择城址自然十分注意防洪。

他汲取了鱼凫和杜宇时期的教训，那时过于强调在肥沃的耕种土地上选址，不管三七二十一就在成都平原腹心地带到处建城，以致一个个住不了多久，就被洪水先后冲毁，被迫不断搬家。所以他一开始就把都城搬到成都平原东部边缘，今天双流境内的广都樊乡。

这里是牧马山丘陵余脉，虽然地势没有牧马山本身高，却相对高于低平的成都平原，完全摆脱了洪水的威胁，一劳永逸地解除了过去长期生活在洪水阴影下的噩梦。

请注意，这就是鱼凫时期古城多多，而开明时期古城少却相对稳定的根本原因。

事物总有两面性。樊乡虽然能够避水，可是以土地种植条件来说，却大大不如平原环境。于是大约在春秋时代中叶，开明九世就

"下山"了，迁移到今天的成都所在的地方，建立了金沙古城。其实金沙地方本来就有居民，留下了大约3200年前的文化层，大致和三星堆末期相当，此后逐渐转变成以开明族为主体。开明九世迁都到这里，也不过是在前人居住的基础上，进一步扩建都城而已。

为什么开明九世不直接迁移到平原中部？可能有两个原因。

一个原因可能是政治因素。因为杜宇败走西山以后，古蜀族还有相当多的遗民，散布在广阔的成都平原上。尽管他们群龙无首，已经归顺了开明"王朝"，但毕竟还是异类，开明族不得不防着一手，远远离开他们为妙。

另一个原因是自然环境因素。处在冲积扇边缘的金沙地区，和冲积扇中、上部比较，具有一些特殊的优势。这一点在下面将逐一分析。

金沙遗址的"水"和"土"

——"金沙人"避开水之头,抓住水之尾。
——"金沙人"安居沃土上,多么逍遥的时光!

建城不能离开水,必须使用水之利,也必须防备水之害。这是古今中外城市建设对待水的辩证态度,金沙古城自然也不例外。

成都位于从都江堰出山的一个巨大冲积扇的边缘,地表、地下水流都特别丰富。处处掘地三尺便有井水,所谓"向海龙王借来的地皮",自来就有"陆海"之称。加上土质肥沃,发展农业生产远远比广都樊乡好得多。从开明九世到最后的十二世,就在这里扎根,再也不挪窝了。

开明"王朝"素来以善于治水著称。一下子"下山"搬迁到这里,不担心可能发生的洪水威胁吗?他们肯定考虑了这一点,十分聪明地处理了这个问题。

谈这个问题之前,需要首先讲清楚有关冲积扇水网的特点。

冲积扇上的水流从扇顶向四面散开,不断分岔形成无数微细血管般的小支流。往下的岔流越分越多,水量当然越来越小,水势也越来越平缓。在这里产生特大洪水的可能性,必定比冲积扇顶部和中部小得多,影响相对也小。再加上他们所选择的地貌部位略微高出平原面,也大大增强了古城的安全性。

不用说，善于治水的开明族人不是傻瓜，为了确保城内宫室、神坛、田园、墓葬的安全，必定也修筑了一道防洪堤似的城墙。遗憾的是这里位于成都近旁，珍贵的城墙在后期城市建设中早已被破坏无遗了，没有给我们留下半点残余。

再一个问题，为了取水方便，城总要挨靠一条河，金沙古城的河在哪里？是否就是今天的摸底河？

笔者认为是摸底河，但也不是摸底河。不管怎么说，摸底河是今天穿过金沙遗址唯一的水流，当然必须提到它。但是由于冲积扇上的河流很容易改道，加上都江堰灌溉系统水流的人为管制，情况变化很大。今天的摸底河，很难说就是当时金沙古城所依傍的"母亲河"。现在，我们姑且使用"古金沙河"来称呼那条金沙古城挨着的河吧。

从种种迹象看，古金沙河比现在的摸底河大得多。我们测量了金沙遗址发掘基坑内的一个古河床宽度，远远大于今天的摸底河。在这个古河床里不仅含有许多文物，还有巨大的乌木，它的流量和流速也不是今天的摸底河可以比拟的。

值得注意的是，在金沙遗址内发掘出的许多乌木，其中不少有密密麻麻的砾石印模，表明当时河床里有较厚的砾石层。从这些砾石的直径分析，水流流速不亚于今天成都九眼桥下的锦江。金沙古城所依靠的这条河到底有多大，就可以大致想象出来了。

生活离不开土地。

前面已经说过了，金沙遗址和成都平原上其他古城一样，都建筑在广汉阶地上。出露在地表的广汉黏土，从土质分析，不仅适宜耕种，也是很好的建筑地基。从形态观察，地面非常平整，有利于大面积开垦农田、建筑居室。加上它的地势稍高，不仅取水方便，也能避开一般的洪水泛滥。考虑到当时遍地森林，林中行走困难，河边也是最佳的交通路线，是成都平原选择建筑原始遗址最理想的位置。包括三星堆、新津宝墩在内，成都平原所发现的遗址，几乎没有一个不在这个阶地上。这表现出当时的原始居民，具有一定的地理知识和防洪经验。

青羊宫北宋水磨之谜

——一个特大水磨，难住了今日水流。
——杜甫的诗，不仅是诗，还是科学。
——精诚合作，无坚不摧。

为了证明古今水流不一样，需要恭请杜甫老夫子出山，再加上笔者亲身经历的一件旧事为证。信不过微不足道的在下，难道还信不过杜老夫子？

哈哈，杜甫老人家早就过世了，还能出庭作证吗？

可以的！这位老先生和浪漫的"诗仙"李白不同，不管说话做事都很严谨。当年他住在成都西郊，留下大量写实的诗篇，就用这些诗句为证吧。

请看，杜甫的一首诗中描写说："当时浣花桥，溪水才尺余。白石明可把，水中有行车。"

由此可见，当时浣花溪内有卵石分布，还有汲水灌溉的水车。请问，今天有吗？

所谓"白石"，应该是从西边龙门山中冲带过来，以石英为主的砾石。砾石和细小的泥沙不同，必须有较快的水流速和较大的水流量才能转运。今日浣花溪的平缓水流只能冲淤细小的泥沙，已经很难冲动砾石了。

如果杜甫没有妄言,就证明古时浣花溪比今天不知大多少倍,所以才有草堂"门泊东吴万里船"的景观。

除了杜甫的"草堂诗",其他一些古书也可以提供证据。据古代文献资料记载:五代十国时期前蜀乾德五年(公元923年)四月十九日,蜀王王衍出游,在浣花溪里组织了一支龙舟队伍,从百花潭到万里桥,前后绵延十里。成千上万老百姓夹岸观看。到了中午时候,忽然刮起一阵暴风,雷电大作,天空一下子变得阴沉沉的,好像晚上一样。人们互相拥挤,跌下水淹死的有好几千人。

文献中说几千人也许夸大了,但是上百人总是有的,否则不会作为一个灾难事件记录下来。今天的浣花溪和锦江,无论如何也没法挤下这样庞大的船队,淹不死这样多的人。今天如果不依靠橡皮坝拦水,河水一般也只有齐腰、齐胸膛深。真正跌进水里,站起来就行了。请注意,这才是四月,还没有到洪水期。当时就是这个样子,到了暑天,洪水滔滔,该是什么情况,就不难想象了。

前面说的是古代文献资料,再说笔者亲身的经历。如果古代文献可以妙笔生花,现在可还有人证和物证,总算铁板钉钉了吧。

20世纪60年代,成都自来水公司在青羊宫附近的江边,挖掘一个新蓄水池,发现了一个巨大的北宋石质水磨。现在锦江的水流,说什么也不能推动它。四川考古学界元老冯汉骥先生派他的得意弟子童恩正,找我研究这个问题。

我到现场一看,整个石头水磨平躺在很厚的砾石层中,的确非常巨大,使我也大开眼界。我接受了任务,立刻就开始工作,使用以下一些方法,很快就得出了结论。

使用地质常规方法,从砾石层的沉积相分析,测出的古河床宽度,比今天的南河宽得多。

从砾石的平均直径,代入相关公式,计算出了当时的大致流速。

根据扁平砾石倾向上游方的规律,很容易就判断出具体的水流方向。不仅总的流向非常清楚,还发现水磨周围有若干较小的涡流,我把它们一一绘制在平面图上。

我的工作结束后,冯汉骥先生和童恩正大感惊奇。我们共同配合,三下五除二就解决了这个问题。

地质学和水力学方法应用于考古学研究,这是一个很好的例子。这个发现,也十分有力地证实了杜甫老夫子没有说谎,而前蜀时期的浣花溪重大水难事件也的确是真实的。

这些事实,难道不能作为旁证,说明古今水流不同?后来冲破金沙古城的那条"古金沙河",还会是一条小河吗?

德高望重的冯汉骥先生常不耻下问,使我无限感动。从这个例子,也充分说明多学科相互配合,比单打一好得多。在下诚挚希望,这样的合作能够重新恢复。让我们共同努力,把工作干得更好吧!

金沙太阳轮

——真正的"太阳崇拜",真实的天人合一。
——真实的"黄金时代",真正的和谐天地。

一、"新黄金时代"的活标本

古蜀时期有两个出土的"太阳轮"。

金沙时代的气候环境怎么样?

对比两个"太阳轮",会得出惊人的结论。

一个"太阳轮"是三星堆出土的著名青铜太阳轮。

在光芒四射的青铜太阳外面,紧紧包裹着一个密不透风的青铜圈。笔者已经在前面说过了,那不是太阳崇拜的象征,而是在第四纪全新世亚北方期全球性灾变气候期内,后羿射日、夸父追日一类神话产生的温床,反映出当时极端干旱的自然灾害和大众普遍恐日、仇日的心理。

另一个"太阳轮"就是金沙出土的四只飞鸟绕日的金箔图形。

和三星堆"太阳轮"相比,金沙遗址出土的"太阳轮"就不同了。

你看,一轮金色太阳放射出十二道光芒,周围环绕着四只飞鸟,正张开翅膀自由自在地飞翔。太阳和飞鸟直接接触,没有一点约束。四只飞鸟微微仰起脑袋,翘着嘴壳,仿佛是在仰望熙和的太阳，显现出无限亲切的样子。它们好像面对着无边无垠的苍穹和大地，在发出一声声出自内心的欢快鸣叫。

这才是真正的太阳崇拜！

这才是真正的和谐天地！

这时候，绝对不会产生后羿射日的故事，只有"太阳出来喜洋洋"的欢歌。

【太阳神鸟金箔】

这个神奇的金色太阳仿佛是有温度的。

从它那朝向四方发散的光芒中，似乎能够感受到微微熙和的温暖。

这个神奇的金色太阳好像还是有声响的。

围绕在四周的飞鸟图形，明显表现出仰天鸣叫的样子。不用平凡的耳朵，用心灵去仔细谛听，仿佛真的隐隐能够听见飞鸟啼叫的声音。

这个剪纸一样的图案，反映出当时的气候十分温和，呈现出一派温馨祥和的风光。生命和大自然完全融为一体，这才是真正的万物生长靠太阳。

这个金色太阳的十二道光芒和四只飞鸟,似乎不是随意的。很可能当时已经有了四季和十二个月的概念,产生了原始的历法,才有了这个看似简单其实奇妙无比的图案。这既表现出人们认识的提高,也反映了当时气候稳定,四季分明,脱离了酷烈多变的气候状况。

为什么是这个样子?

因为金沙遗址生存在以温暖潮湿为特点的亚大西洋期内,这是一个全球性的气候适宜期,当然就用不着像三星堆时代一样,给赤红炭团一样的太阳套上密不透风的枷锁了。

一个戴枷锁的太阳,一个自由自在的太阳,岂不十分形象化地说明了两个时期气候的巨大差别吗?

和三星堆遗址一样,金沙遗址出土的所有青铜器、玉器、金器的物质来源,也统统出自龙门山。除了铜、玉石、沙金,在金沙遗址内还有一些美石,也是龙门山中的产物。

有一块奇石,含有非常清晰的黑色线条,好像是用墨画的,这是一块砂岩砾石。含氧化锰的溶液沿着微细的方格状裂隙浸进去,就能生成这个样子了。在自然界里,常常发现同样的氧化锰浸染,在岩石内部生成假化石,这也是其中的一个例子。

这些美石的搜集,表明当时人们已经有了爱美的观念,生活更加丰富多彩了。

我在这里大大歌颂金沙时期,这个被称为全新世亚大西洋期的"新黄金时代"。

二、"黄金时代"的波动

在本书里,从头到尾灌输了第四纪冰期结束以来的全新世期间,古气候有一个2500—3000年左右周期性变化的规律。此前三星堆时代,相当于亚北方期的一个"灾变期";更早的蚕丛时代,相当于大西洋期的"黄金时代"。这些统统都毫无例外,符合这个举世公认的古气候演变规律。

话说到这里，可能有人会问，在温暖期和灾变期内，2500多年都一样吗？或许有人还会举出一些例证质疑。

不，这样的大周期，仅仅是一个大尺度的波动，其间还存在一些小尺度，甚至更小尺度的波动，一点也不为奇。

竺可桢先生根据古史材料，写出的《中国近五千年来气候变迁的初步研究》一文，划分出大约自公元前3000年以来，若干个寒冷与温暖相间的阶段，就充分说明了相当于亚大西洋期的"新黄金时代"期间，存在着一些以几百年为计的小尺度波动。正好像日常生活中，从冬天过渡到夏天之间，那个乍寒还冷的春天阶段，有许多更小尺度的波动一样，相互并不矛盾。

其实，再认真考究，在竺先生划分的隋唐温暖期、南宋寒冷期等这些几百年尺度的波动中，还有更小的几十年尺度，以至更更小的几年尺度的波动。这有什么奇怪吗？好像整个春天是温暖的，其中却出现了若干个"倒春寒"一样，二者并不矛盾。

这事可以缩小了看，还可以放大了看。与此前恐龙生活的中生代相比较，第四纪和第三纪组成的新生代，本身就是一个特大尺度的"灾变期"，而中生代是相对稳定的温暖期。地球历史中有几个"特大冰期"，第四纪就是其中一个。

竺先生方案的唯一不足，是由于缺乏远古时期材料，把包括殷墟时代在内的公元前3000年至公元前1100年的时期归入同一个温暖期，未能觉察出其中的灾变成分。这个遗憾是材料不足的原因，和竺先生本人无关。可是换一个角度，从第四纪地质学以及其他一些相关科学的材料，就能十分清楚地区别出来了。

在下研究四川省三台县团结水库剖面时，发现了一系列流水作业加强的侵蚀面，一层层之间含有不同时代的文物，以及底部晚更新世地层内的化石，足以十分精确地划定其时代。自上而下分别是：

第一层，浅红褐色亚黏土，含明代谷丧罐、弧形木梳及水利设施、农田建筑遗物等，其时代最早不超过明代后期。

第一侵蚀面。

第二层，灰棕色砂与微砾夹层。其砾石主要是来自底部第八层成都黏土的钙质结核，也有一些白垩系的砖红色泥岩和粉砂岩，均属地方性成分。含北宋哲宗时期的"绍圣元宝"铁钱、细泥红陶片（乃宋代成都琉璃厂生产的上釉胎质细泥红陶厂窑罐，形似四耳小口罐），并有水利设施遗物。

第二侵蚀面。

第三层，黄褐色亚黏土，含唐玄宗时期"开元通宝"铜币。

第四层，灰黄棕色亚砂土，无文化遗物。但是考虑到有反映干燥气候的胶结现象，并联系与上下层的关系，应相当于竺可桢所划分的三国—六朝低温期。

第五层，灰棕色亚砂土，下部含有大量乌木，包括一些巨大的树干，含东汉细泥灰陶残片。

第三侵蚀面。

第六层，富含乌木，并有鹿角和犀牛化石，应代表一个湿热气候环境。据其与上下层关系，应是竺可桢先生划分的殷墟—西周高温期，须作进一步鉴定。

第四侵蚀面。

第七层，富含有机质的泥炭，产黑鹿等化石。在金堂竹篙同一层位内，有新石器时代的磨制石斧，可与川东的巫山大溪文化及鄂西宜都红花套文化相比，应属全新世大西洋期。

第五侵蚀面。

第八层，典型的晚更新世末期成都黏土，填积在封闭洼地底部。

第六侵蚀面。

白垩系红色岩层。

值得注意的是，这一剖面所反映出的古气候信息，和竺可桢先生据大量考古、历史和物候等资料对中国近五千年来气候变迁的分析相比较，表现出惊人的一致。这是气候历史在地层中的记录，和竺先生收集的文献资料对比,也进一步证实了竺先生以几百年为尺度划分时期的准确性。

其中,第六、七层是湿热的泥炭生成期,大致相当于竺先生所划分的仰韶—殷墟时代和商代第一温暖期,亦即全新世大西洋期和亚大西洋期初始阶段。其间有一个沉积间断,应是竺先生未察的一个夏商之间的干旱期,即亚北方期所在,那个以持续干旱、突发性洪水为主的灾变期,也就是三星堆遗址时期。

此后的几个侵蚀面,大致可与竺可桢所划分的春秋—秦汉(联系团结水库的剖面,似应为西汉)、隋唐(在此应为初唐)和元代—明代中叶这三个温暖期相比。这几个阶段的气候都以湿热为特征,降水量普遍增加的结果,加强了川中丘陵内部的冲刷作用,依次形成了几个侵蚀面。侵蚀面上的东汉、北宋等沉积层的冲积特点显著,有较厚的砾石层等,也印证了这个推论。

话说到这里,说一个小插曲。瑞典是研究第四纪,特别是全新世以来古气候的重要基地,我的文章发表后,引起对方的关注。一位瑞典马尔默大学第四纪地质研究学者来访,探问是用什么手段,把两千多年来的亚大西洋期剖面划分得这样仔细和确切,并说这是一个重大贡献。

我告诉他,没有什么奥妙,关键在于中国历史悠久,每一层都埋藏有历代文物,比放射性测年还准确。他听了,大为叹服中国这样的古国文物丰富,能够使用第四纪地质学和考古学的手段相互配合,历史短暂的国家无法复制这一方法。

这个例子也充分表明,第四纪地质学的研究需要考古学。与此相对,考古学是不是也需要第四纪地质学的配合呢?这是一个值得深思的问题。

为什么我在这里说这个问题?因为有考古专家根据竺先生这篇文章,怀疑笔者一再提出的全新世期间2500—3000年左右古气候周期性变化的规律,认为这个说法不科学。

让我再说一遍吧。这是近百年来,世界许多学科从不同的角度共同研究的结果。不仅有世界各地许多地质剖面的研究，还包括许多大洋洋心钻探的岩芯分析，以及极地和高山冰层剖面、古土壤剖面、孢子花粉、大洋有孔虫等资料的研究，乃是名副其实的殊途同归，已经被视为不可动摇的公开结论。这和竺先生的研究并不矛盾，不是所谓的"漏洞百出"。这是不同时间尺度的相互补充，会使整个体系更加丰富。

三、"新灾变期"的脚步声

我们依次讨论了四川地区以蚕丛时代为代表的"黄金时代"，以柏灌翻山、三星堆遗址为代表的"灾变时代"，以金沙遗址为代表的"新黄金时代"。结合第四纪全新世以来，不同古气候演化阶段，以及古蜀文明的变化和种种问题，或许有人会问，金沙以后又怎么样？我们生活的现今，是不是依旧属于温暖潮湿的"新黄金时代"？

这话怎么说呢？

请问，所谓"我们"的这个阶段有多长？

人生不过百年。即使祖孙三代人，也不过两百多年。就算一个朝代，时间也不会太长。

一两百年在地质历史中算得了什么？连须臾短暂的蜉蝣生活也谈不上！

要知道，从金沙经过西周和以后的历代历朝以来，全都在一个大尺度的"新黄金时代"内。经过了2500多年的历程，至今"气数已尽"，正开始向一个新的"灾变期"过渡。

这个"灾变期"不会一下子全面铺开，却正在一步步迫近。由于新的因素出现，势必引起全球性气候紊乱。在相当长的一个阶段内，各地出现各种各样的反常天气，将会给人们带来难以想象的烦恼，由此逐渐进入"灾变期"的主体部分。

我们就生活在这个过渡阶段里，必须充分认识其严重性。做好思想准备，迎接大自然带来的新挑战。

不过，也不必过于担心。在整个全新世发展过程中，灾变强度会逐渐减小。正如春天里的"倒春寒"，只会越来越弱，不会越来越强。

再想一想，三星堆时代所在的三四千年前那次"灾变期"，落后的三星堆人也能坚持过去。难道掌握了现代科学技术的现代人，还不能战胜它？

你想看到隧道尽头的曙光吗？

那还有2500年左右的时间。

等着吧，人们！

金沙遗址的"木"

——地下乌木诉说着一个故事。信不信由你,这里曾经是一片大森林。

金沙博物馆内别出心裁地布置了一个乌木林,一根根巨大的黑色乌木高高耸起,远远超过今天成都的林木,几乎可以摩天。好像一片沉睡千年的地下森林,在人们的呼唤下,齐刷刷地竖立起身子,给人以奇幻无比的神秘森林的感觉。

仔细观察这些乌木,有的带有密集的砾石印模,表明当时卧倒在水流比较急速的主流线附近;更多的表面光洁,没有砾石印模,表示当时倾倒在水流比较平缓的河床浅处,或者就在两岸平地上。综合起来看,无论河床深浅、水流缓急,还是在广阔的两边平原上,几乎到处都有由于各种原因倒伏的巨大树木。它们经过后期

【金沙乌木林】

泥沙掩埋，在密闭的还原环境里，逐步演变成了乌木。笔者在野外考察中，也曾不止一次在成都市所属的各县境内发现乌木和共生的哺乳动物化石。

乌木，又名阴沉木，是一种特殊的炭化木。由于金沙时代温暖潮湿的气候条件，十分有利于大量植物的生长，加上特殊的山前冲积扇沉积环境，不仅大大小小的河流很多，还有一些沼泽分布，所以当时的成都平原森林茂密，留下的乌木也特别多。

当时的成都平原到底是什么样子？古希腊学者记载说，这里"气候温和，空气清洁，适合卫生。天空不常见云，无烈风。森林甚多，人行其中，仰不见天"。

请注意，在这段实景描写中，还指出了这里空中少云，也和今天的蜀犬吠日不一样。金沙人从三星堆恶劣气候的阴影下走出来，生活在这样美妙的环境里，真是名副其实的远古"黄金时代"。

成都平原大量出土的巨大乌木，证实了马赛里奴斯所说的森林密布情况。青白江发掘出的一根巨大乌木，仅仅是一个被冲蚀掉树梢和树根的残余树干，竟还有30多米长，几乎和一座十多层的大厦一样高。如果再加上树梢和树根部分，不用说就更高了。当其高高耸立在平原上，真是"仰不见天"，完全符合两千多年前的那个老外所说的情况。把成都平原看作是世界乌木之乡，完全是实至名归。

金沙博物馆里的乌木林，是台商卢泓杰先生协助建立的，标本由他提供，完全出自成都平原。他在青城山前的中兴镇花木城新建了一个成都乌木艺术博物馆，陈列了许多乌木展品，值得一看。其中一个巨树根系组成的"太阳神",直径达到7米左右,可以据此想象这棵树本身的尺度有多大。另一根巨大乌木产自峨眉平原的一条小河内,原长55米,直径2.5米左右。取样运至博物馆的一段标本约13米,直径约1.8米,重100吨左右,是桃金娘科的乌墨蒲桃,测年为4.3万年左右。这种树现在分布在广东省南部和海南岛,是南亚热带或过渡热带气候条件下的产物。这证明当时应属于较晚的一个间冰期的大暖期。

值得注意的是这根埋藏在泥沙层内的巨大乌木,其底部和核心部分已经石化了,是一个半木半石的标本,十分罕见、奇特,和那个"太阳神"一样,是这个博物馆的镇馆之宝。从馆内大量收藏的乌木标本,证实了马赛里奴斯记述的当时成都平原遍布大森林以及大量巨树存在的事实。

顺便问一句,为什么这棵乌木会是半木半石?几年前卢泓杰先生告诉我,我根本就不相信。来到现场一看,想不到竟是真的。这就给我们提出一个研究课题,需要完满解释其原因。看一次,取样分析一次,还不敢随便断言。经过多次考察和取样分析,终于得到了答案。原来这条小河很浅,不仅岸边出露大面积的上三叠统须家河组(T_3^x)砂岩,许多地段河底也出露这个岩层。这根巨大乌木在一个深水潭里,是附近的主要沉积场所。从岩石、河水的一批批样品反复化学分析可见,其中含有大量的二氧化硅(SiO_2)和三氧化二铁(Fe_2O_3),正是这些成分作为胶结剂,使其浸漫在溶液比较浓的水下部分逐渐演化为"化石",而其上部表层还是木。

金沙遗址的"生灵"

——生命的青铜造型，吐露了美好的生态环境。

金沙遗址内出土了许多象牙、野猪牙、鹿角。其中，仅仅在一号祭祀坑内就有上百根象牙，上下堆砌8层。其他祭祀坑里也有许多象牙，可见当时在遗址附近，生存有很多象群。野猪牙、鹿角也各有上千根。加上作为占卜的大量龟甲，以及青铜、玉石、金箔和其他石料制作的动物，包括虎、牛、猪、龙、蛇、鳖、蛙和一些飞鸟、昆虫的器物形象，可以想象当时这里有许多野生动物，也有不少饲养的家畜。

这里不仅有生息在当地的众多本地动物，还有外地迁移来的动物。在那个金沙文明的标志——四鸟绕日金箔图案里，可以清楚地辨认出四只飞鸟的外形：一个个都平伸出长长的脖子和修长的腿，十分舒适地拍打着翅膀，似乎正在高高的空中排成整齐的队形，朝前方飞翔。它们舒开脚爪，三根脚趾看得一清二楚，好像随时可以俯冲下去捕鱼。它们朝着天空仰起的嘴壳，似乎还在欢快地鸣叫。从这幅浪漫主义色彩十分浓郁的图形里，透露出几分严谨的现实主义描绘手法。我们可以清楚地辨认出这四只边飞边叫的大鸟，就是中国人心目中奉为祥瑞的仙鹤——好一幅鹤鸣九皋的图像！鹤是季

【铜虎】

鸟,当时这里有浓密的森林和广阔的河流、沼泽水域,正是适合水鸟栖息的良好环境,诱引来无数季鸟。鹤只不过是其中一个代表而已。

当时的生灵只有这些有限的种类吗?不,金沙遗址出土的动物,不是冷冰冰的模型,全都富有生命气息。可以从它们的神态中,进一步捕捉到更多的信息。

你看,那只青铜虎拖着长长的尾巴,微微卷曲着身子,张开露出尖牙利齿的大嘴巴,做出正要向前捕食的样子。它要抓什么猎物?是遗址内已经出土的野猪和鹿,还是别的什么未知动物?可以想象的是,当时这里必定动物种类丰富,还有许许多多种未曾表露出来的动物。这个张开血盆大口的老虎,给我们留下了丰富的想象空间。还有,鹿、牛吃草,杂食类的野猪要捕捉小型动物,这些小型动物又各有其不同的食谱。沿着一条条食物链推想下去,当时当地的生物界,就不仅仅是少数几个青铜动物模型所能概括了。

你看,那只站在树枝上的青铜小鸟明显属于雀形目。这种鸟以果实和昆虫为生,从一个侧面反映出这里不仅有参天大树,还有许多门类众多的野果树,林下灌木与草丛中还隐藏着数不清的昆虫。这活脱脱勾画出一幅多层次的森林景观!这样结构复杂的森林,比起广场上光秃秃的乌木林,不知丰富了多少倍!

让我们把想象力进一步延伸。有了果树、昆虫和小鸟，必定还会有更多的相关动植物，共同组成了一个更加复杂的生物界。到底还有些什么，请大家自己琢磨吧。

所有的这一切，岂不全都从另一个侧面，反映出当时优良的气候生态环境，也反映了当时丰富多彩的生命世界吗？

【铜鸟】

金沙遗址的"人"

——这里的人分几等？谁是主人，谁是贱民？

住在金沙古城的人，是什么人？

这个问题似乎有些荒唐。金沙古城的人，当然就是金沙人。

这样说，太简单化了。说到这里，我不由又想起从前童恩正对我说的一件事："现在有人认为，古代巴族和蜀族进入四川盆地以前，盆地里没有人类。"

而我和他的意见一致，旧石器时代晚期的资阳人，就是四川盆地最早的土著代表。也许童恩正本人也不完全清楚，在几万年前的旧石器时代晚期，除了著名的资阳人，还有我校研究生游天星发现的筠连人、笔者命名的北川人，分别分布在盆地中部、南部和西北部。加上其他一些地方，虽然没有古人类化石出土，却有同时代的石器等文物分布的情况，可以初步作出结论，当时原始人虽然不多，但是在四川盆地内，却几乎到处都有古人类活动的影子。如果再加上盆地外围，大渡河边的富林人，川西高原的虾拉沱人，三峡地区时代稍晚的笔者命名的新石器时代的巫山人，以及还有争议的巫山猿人等，原始土著就更多了。

现在我们要讨论的不是四川盆地里有没有古老的人类，而是他

【金沙跪坐石人像】

们在后来的三星堆和金沙时代，扮演了什么角色，处在什么地位。

三星堆遗址有跪在地上的青铜奴隶，金沙遗址也有同样的两只手向后反绑，可怜巴巴跪在地上的奴隶石像。仔细观察他们的面容可以看出，无论脸型、鼻型、眼型、发型、服饰等，都和奴隶主大不相同，似乎属于不同种族。考虑到当时并没有大规模的对外战争，不会有来自其他民族的大批俘虏。结论只有一个，这就是以资阳人为代表的，最早土生土长的"四川人"的直系子孙。原始土著抵挡不住文化先进的外来者，被征服后就注定了只能世世代代跪倒在地上，充当奴隶。

盆地里的土著被征服，不是人多人少，以及什么天时地利人和的影响，而是先进文化与落后文化较量的必然结果。外来者已经进入青铜时代，落后的盆地土著还停留在石器时代。好像鸟枪对大炮，胜负还需要多说吗？

三星堆一期和二期之间，存在着巨大的文明鸿沟。三星堆一期文化层相当于龙山文化，这就是盆地原始土著留下的遗迹。直到从西边大山里出来的古蜀族到来时，才一下子飞跃进入了青铜时代。

在金沙遗址里，也有一些石器出土。当时开明"王朝"的主人，已经创造出灿烂的青铜文明，很难想象他们还会怀着思古之幽情，回过头来去使用早已落后的石器。就好像今天家庭生活已经进入了电气化，绝对不会有人还会烧蜂窝煤。这些落后的石器是谁的？答案似乎只有一个，只能是那些身为奴隶的原始土著了。

我有一个不成熟的看法，似乎在金沙古城里，人的关系划分，还不能简单归结为统治者和被征服的奴隶两个等级就了事。考虑到来自盆地东部的开明族，取代了来自西边大山的古蜀族的情况，是不是在最高的开明族和最低的当地土著之间，还有另一个处于中间地位的二等公民？那就应该是鱼凫"王朝"最后一个首领杜宇退回西山后，被抛弃的古蜀族子民。这值得进一步研究。

仔细观察三星堆时期的发式，古蜀族常常蓄着长长的辫子，有的拖在脑袋后面，有的盘在头顶上，而当时的奴隶没有辫子。可是在金沙遗址，跪在地上的奴隶，虽然头顶上大多是头发向两边分开的"分分头"，有的却在脑袋后面拖了一根辫子。这是怎么一回事？是当时最底层的土著接受了过去三星堆文化的熏陶，学会了梳辫子？或者根本就是古蜀族的一部分，包括其混血后裔，也沦为奴隶？

当然啰，发型仅仅是文化的表现。要说人种的差别，还得由脸型和其他生物特征决定。这些拖辫子的奴隶，和从前土著奴隶的长相一样。是不是他们学了三星堆古蜀族的发型？

思路伸发到这里，问题又进一步深化了。古时等级观念十分森严，是否允许奴隶蓄留主子的发型，是一个问题。至少三星堆时期的奴隶是没有辫子的，旁证了主仆之间不可逾越的鸿沟。进入开明族为主体的金沙时代，为什么奴隶也可以梳辫子了？是不是古蜀族失去权势的一个侧面反映？古蜀族在开明族的统治下，似乎已经沦为二等公民，这岂不是一个旁证？

再联系古印度种姓制度来看，上等种姓倘若与下等种姓通婚，生下来的第二代，无论其父母一方地位多么高贵，也是最低等的"贱民"。不妨大胆猜想一下，有没有三星堆二等公民自暴自弃，和原始土著通婚，留下了后代？如果是这样，有的奴隶脸型和土著一样，却拖着一根三星堆似的大辫子就顺理成章了。当然这只是猜想。如果说得不对，请多多批评吧。

话说到这里，还要请读者诸君仔细分辨一下三星堆的辫子和金沙辫子的不同。三星堆的辫子只有一根，好像是今天还能看见的汉族大辫子姑娘；金沙遗址出土的一个青铜立人，脑袋后面却梳了三根辫子，好像是维吾尔姑娘。这两种辫子的差别，是爱美思潮促成的时代进步，还是古蜀族和开明族的差别？这也值得细细推敲。前面说过的金沙奴隶的辫子和主人的三根辫子不同，是不是也暗示了什么呢？

一句话说白了，朝中无人自然低人一等。是不是在望帝和丛帝之间，发生了那场所谓的"禅让"以后，在两个部族之间留下的微妙地位变化的深远影响，一直延续到了开明"王朝"末期？

金沙有一个"双子城"

——深深的泥土里,埋藏了一个"双城记"的故事。

成都平原上的古蜀文化,一般认为从先到后可以划分为宝墩文化、三星堆文化、十二桥文化、战国青铜文化四个序列。这几个文化期的前后有一部分互相交叉重叠,可是它们的主要阶段却是各具特色的。金沙文明的"户口"相当于十二桥文化。后者距今大约3200—2600年,这和金沙遗址的起始时间大致差不多。它们的陶器主要以尖底器为主。典型器物有尖底杯、尖底盏、小底罐、高颈壶等,和前面的三星堆文化明显不同。

十二桥遗址位于成都市蜀都大道附近的十二桥,和金沙遗址非常接近。想一想,在同一个时期,挨靠得很近的两个地点,居然有两个文化相同的遗址出现,无论如何也会把它们当成一回事。只不过中间隔开了一段距离,是至今还没有发现文物遗存的空白地带而已。即使用最保守的观点,也会把它们紧密联系在一起,看作是一个统一的"大金沙"的一部分。这里有一个远古中心聚落,是至少和金沙同时并存的"双子城"。

十二桥遗址也很了不起啊!这里发掘出和商代同期的大型宫殿式木结构建筑,保存比较完好。其中主体建筑是一座面积达1248平方米的大型干栏式房屋，规模非常宏伟。这就引出一个问题了，当时的政治中心，到底在金沙，还是十二桥？这个问题似乎可以从它们的建筑样式不同，寻找到答案。

十二桥遗址有干栏式建筑，金沙遗址没有，也许这就是一把钥匙。

什么是干栏式建筑？就是用一根根支柱抬高房屋地板，在屋子下面留出一个空间，用来适应潮湿和毒蛇、野兽比较多的环境，也可以防备偶然发生的洪水侵袭。它的梁架用榫卯衔接，地板也铺砌得非常整齐，工艺水平相当高超。

从建筑样式和地层的不同，可以清楚地看出来，金沙遗址坐落在地势比较高的地方，十二桥遗址在低洼的地方。拥有丰富治水经验的开明族，在选择都城的时候，不会不考虑到可能发生的洪水威胁。如果叫我挑选，也会把最重要的王宫、祭坛和祖宗庐墓放在金沙，不会放在十二桥。

既然金沙是中心，建筑规模必定比十二桥遗址更大，水平更高。已经发现的十二桥遗址的建筑群是不是暗示我们，金沙一定还有更加宏伟的建筑，只是还没有发现而已？让我们耐心等待它重见天日的一天吧。

十二桥文化终止在距今2600年前后，如果这个说法正确，就比金沙被洪水冲毁的时间早些。这又引出来一个问题，是不是由于十二桥地势低洼，首先遭受破坏，后来才轮到金沙？

在十二桥遗址的陶纺轮上，发现了接近殷墟甲骨文字系统、和"巴蜀文字"不同的文字符号。金沙遗址必定也有同样的文字，只不过暂时还没有被发现罢了。一个又一个疑谜，等待着我们揭示，金沙遗址的想象空间也越来越大了。

金沙古城的最后篇章

——"水龙王"一剑封喉，金沙城寿终正寝。

——不是强秦战胜古蜀，一股洪流占了先声。

常言道，天下没有不散的宴席。事物有始也有终，辉煌一时的金沙文明，也走到了尽头。

前面已经讲过，成都平原上其他古城几乎无一例外，全都毁坏于洪水。金沙古城也是如此。

金沙遗址发掘时，就在今天对外开放的遗迹馆的东墙外面，曾经发掘出一条古河床，紧紧挨靠着一些祭祀坑等重要部位，是金沙古城的心脏地带。

这个古河床是洪水冲破古城墙后，直插进来的，无异于一柄锋利的剑，一剑封喉地终结了繁盛一时的金沙古城的生命。

笔者在观察这个古河床时，发现了一根巨大乌木，躺卧在河床堆积物中。成都理工大学博物馆对这根乌木取样，进行碳14同位素测年，得出其距今2250年左右。考虑到我国碳14同位素测年一般都是以公元1950年为现在年代的基准，所以这个数据还应该加上50年才对。而实验室数据还有允许范围内的小幅度误差，所以这次冲毁金沙古城的事件，距今应该是2300年左右。

我们知道秦灭巴蜀是在秦惠文王九年（公元前315年），距今

2300多年。请看，这两个数据多么相近。

可怜的开明"王朝"，从鳖灵建国以来，历经了十二世，终于在双重打击下灭亡。金沙古国也真是多灾多难，在遭受了一场破城的洪水带来的特大自然灾害后，想不到紧接着又有强大的秦军入侵。虽然开明十二世不像刘备那个宝贝儿子阿斗那样窝囊，乖乖打开城门投降，而是亲自领兵到葭萌（今天的昭化）决战，战败后逃到武阳（今天的彭山）被杀。他的儿子率领残余部队撤退到今天彭州白鹿山也被消灭。一部灿烂辉煌的古蜀国历史，就这样在滚滚洪涛和青铜干戈的撞击声中结束了，它的闭幕竟是这样惊心动魄。

话说到这里，不妨提出几个假想的问题。

如果当时洪水没有冲破金沙古城，没有在背后给开明"王朝"插上一刀，它是不是还能凭着比较充分的物质力量，苟延残喘一些时间？

如果金沙古城没有被洪水冲毁，秦灭巴蜀后，有没有必要命令张仪和张若，重新修造一座新城？如果新城没有修建，保留到今天的成都，就不是以天府广场为中心的成都城，而是以金沙为中心的古金沙城了。

知识链接

乌木的基本知识

金沙博物馆里有许多乌木，园内还布置了乌木林。乌木的研究无论是对三星堆还是对金沙都有特殊意义，所以必须在这里说一说。

1. 乌木的名称和性质

乌木，又名阴沉木，古时尚有许多别名。晋代崔豹《古今注》描述它："色黑，而有文，亦谓之文木。"唐代苏鹗《苏氏演义》称为乌文木，记述它："其质坚实，老者色纯黑，多以制箸及烟管等物。"清代李调元《南越笔记》描写说："乌木，琼州诸岛所产，土人折为箸，行用甚广。志称出海南，一名角乌，色纯黑，甚脆。有曰茶乌者，自番舶，质坚实，置水则沉。其他类乌木者甚多，皆可作几杖。置水不沉，则非也。"从地质学角度看，它乃是一种特殊的炭化木。

归纳上述描写，乌木的基本性质包括以下几点：颜色乌黑，保留原有植物形态，具有明显木纹；比重和硬度较大，不能浮于水；可以用来制作各种器物和艺术品。

2. 乌木的形成过程

乌木的形成过程，实质上是植物体在埋藏状态下的一种炭化过程，与泥炭的生成无异。

植物体倾倒死亡后，常常被泥沙掩埋，起初在充氧条件下，开始进行腐化作用，又称腐殖化作用。此时由于喜氧细菌的作用，使植物体逐渐氧化分解而受到破坏。由于植物体的内部物质对氧化分解抵抗能力的差异，所以常常产生选择性的分解现象，最后相对富集了较多的蜡质和树脂等，而与先前生存状态大不相同。

后来由于得不到充分的氧气，腐化活动慢慢停止，厌氧细菌逐渐开始发挥作用，发生腐败作用，又称丝炭化作用。在这个阶段，被埋藏的植物体经过进一步分解，连同脱水、脱氢和增碳化过程，慢慢泥炭化，就逐渐演变为乌木了。所以乌木究其成因而言，实质上与泥炭的生成原理相同，仅是一种特殊的炭化木而已。倘若它继续发展，可以成煤，也可以由于大量硅质取代而发展成为特殊的硅化木化石。

不言而喻，在其整个形成过程中，由于始终处于埋藏状态下，且不断增加压覆层的厚度，因此压力和温度条件，也是其形成的不可忽视的重要因素。

3. 乌木形成的时代

虽然乌木的生成经过了较长的时间，但是从地质学的角度来看，它的整个固结石化过程，仍十分短暂，仅仅生成于时代较新的第四纪期间，特别是晚更新世末期和最新的全新世内部。因此对乌木的主要生成时代而言，应该着重于这个时段分析。

从理论上讲，无论任何时间，只要有植物体死亡，处于上述腐化和腐败作用交替进行的环境中，具有充分的时间，都可以发育生成乌木。但是如果需要探讨其主要生成时期和普遍分布状况，就必须特别注意以下几个重要因素：

其一是当时植物体的丰富程度。倘若时间条件适当，却缺乏大量植物体，何以能够大面积堆积分布乌木？

其二是时间因素。即使植物体异常丰富，但是时代新近，尚不足以发展形成典型的乌木，也不能成为主要的乌木形成期。与此相反，虽然植物体十分丰富，但是时代过于悠久，所有的炭化植物体均已成煤，或者被硅质取代而成为硅化木，当然也没有许多乌木分布了。

其三是环境因素。不言而喻，环境条件适宜者，乌木生成有利，可以大大减少乌木形成的时间。与此相反，乌木形成过程就将有所延长。由此可见，环境因素具有对其生成的时间因素的调节作用。尽管这仅仅是一种微调作用，但是却是客观存在。因此也不能非常僵化地看待乌木的生成时代，将其炭化程度的深浅作为唯一的标准，判定何者为新、何者为老。

从乌木主要生成的晚更新世末期和全新世作进一步分析，还必须划分出其间最丰富的乌木生成阶段。这就是距今7500—4500年左右，必须大书特书的全新世大西洋期。

晚更新世末期虽然也有乌木生成，但是其时正当第四纪最后一个冰期时代，就是欧洲阿尔卑斯的玉木冰期，亦即中国的大理冰期阶段。斯时全球性气候变冷，北半球中高纬度地区古冰川普遍发育，即使在冰外区域有若干植物分布，其数量也远较其他时代为少。但是在一些特殊地段，也有可能生成较多的乌木。例如笔者在四川绵竹市土门镇所见的一个晚更新世泥炭层，将其定名为土门泥炭层，乌木产出极多，碳14测定其年龄为距今37400±3000年和39300±2600年。

全新世其他时段生成的乌木，可以分为四个阶段。各个阶段的乌木性质及其数量、分布广度，都和当时的古气候环境有密切关联。大致而言之，在晚更新世末次冰期结束后，全新世亦即冰后期的古气候发展，以2500年左右为周期，干冷和湿热交替循环发展，烈度逐渐下降，划分为下述几个阶段：

约10800—7500年前的前北方期和北方期，继承了末次冰期的一些特点，普遍以干冷为特征，因此限制了森林植被发展。此时形成的乌木虽然多于晚更新世末次冰期，但是和其后的时期相比，自然相对较少，不算十分重要。

约7500—4500年前的大西洋期，进入全球性普遍温暖潮湿的古气候环境，被称为"最适宜气候阶段"。在这样的气候环境的影响下，原始农业突然兴起并蓬勃发展，创造了灿烂的新石器时代文明。传说中所谓的原始"黄金时代"，也就是亚当、夏娃时代，就在这个时候。由于气候特别温暖潮湿，这时候地球两极冰川极度退缩，森林地带扩张到极大的面积。不仅河湖纵横，沼泽面积也空前增加，加以时间幅度适宜，在这样的环境条件下，生成的乌木自然特别多。这是最主要的乌木生成阶段。

约4500—2500年前的亚北方期，又转入全球性的灾变气候阶段。在3000年前左右，高山、高纬地区有较活跃的小规模冰川活动，称为新冰川期或小冰河期。三星堆古蜀族的先人即在此时由于受到恶劣气候环境的压迫，不得不别离岷江上游的故土，逐渐穿越龙门山脉，向成都平原迁移。此时在广大的冰川外围地区，则以长期持续性干旱，间以突发性洪水为特征。此时即中外古神话传说中的"英雄时代"，众多传奇式的英雄与天地、妖魔怪兽斗争，引导人类走出艰险多难的生存困境，就是在这个时代。流传广泛的后羿射日、大禹治水等故事，都发生在这个时段内。仅以生成乌木而言，这个时期无疑是可以完成的。但是当时由于恶劣气候环境的制约，森林面积大量萎缩，生成的乌木远较大西洋期为少。

约2500年前以来的亚大西洋期，灾变气候逐渐消失，重新恢复为温暖潮湿的气候环境，森林面积自然相对增加，生成乌木的可能性也大大提高。但是应该注意的是，由于其时代新近，乌木发育程度自然远远不如前述各个时期，作为乌木艺术品的开发前景不是太大。加以此时人类耕作活动增加，对自然生态环境破坏逐渐严重，乌木蕴藏量也远不及前述的大西洋期。

4. 乌木的产地分布

从理论上而言，凡有古代森林分布的地方，都有乌木出产。19世纪英国J.理查孙爵士考察了加拿大北方的马更些河，发现许多漂木埋藏在泥沙层内，其"树干逐渐腐烂，最后转变成泥炭状的黑褐色物质，但是还多少保存着木质的纤维构造。这种层次常与泥沙互层，整个层系则被柳树的长须根所贯穿，穿透深度可达四五码以上。这一类的沉积物略有沥青物质渗漏的帮助，外观很像有柳树根印迹的煤层"。

连接近北极圈的马更些河沿岸也有上述乌木分布，世界上其他地方便自不待言。举凡过去曾经有森林分布的地方，常常都有乌木出现。

我国的乌木分布也很广泛，北自东北地区，南达海南岛，许多地方都有乌木出土的记录。其中尤以华中、华南地方为最多。四川盆地内也有有名的乌木产区，资阳地区就是一个例子。笔者在资阳人化石出土处的黄鳝溪边，一个泥炭透镜体内，发现过许多乌木。其中以樟科、山毛榉科、胡桃科为主，桦木科次之，杨柳科及其他种属仅是少数。碳14年龄经过国内许多权威单位以及笔者的多次反复测量，分别为7500±130年、7640±140年、7310±150年、6740±120年、6550±120年以及5540±80年，都在大西洋期的范围内。

笔者在这个泥炭透镜体的上部和下部砾石层内，又各自选取乌木测定，分别是2170±70年和39300±2600年，分别属于全新世亚北方期和晚更新世。从这个剖面也可以清楚看出，虽然乌木的主要生成期是大西洋期，但是在新老不同的时段，也有同样的乌木形成。与资阳的情况相似，在四川盆地内，许多地方都有同样的不同时代的乌木分布，但是无一例外均以大西洋期为主要富集阶段。

特别值得一提的是，在所有出产乌木的地方中，以成都平原特别丰富。究其原因，和以下这些因素有关：这里古时有温暖潮湿的气候条件，曾经有大量植物生长；特殊的山前冲积扇沉积环境，多河川水流，亦有若干沼泽分布，有利于森林形成；平原表层结构以全新世和晚更新世地层为主要成分，在持续下沉的地质历史条件下,这些松散地层的厚度较大等。

据笔者考证,作为南方丝绸之路起点的成都平原,即是古时以印度为代表的西土各国认为的世界极东的"丝国"赛里斯,亦即当时的西方最早理解的真实的China。古希腊学者马赛里奴斯记述当时的成都平原的情形:"四周有高山环绕,连续不绝,成天然保障。赛里斯人安居其中。地皆平衍,广大富饶……气候温和,空气清洁,适合卫生。天空不常见云,无烈风。森林甚多,人行其中,仰不见天。"这种森林密布的情况,和成都平原大量出土的巨大乌木相一致。青白江发掘出的一些乌木,不见树梢和树根的残余树干,犹有30米左右长。当其高高耸立在平原上,人真是"仰不见天"。据此,将成都平原视为世界乌木之乡,也是实至名归。

5. 乌木的沉积环境与形态

根据乌木的沉积环境,可以将其划分为下列几个主要的沉积相。

(1) 河流相:根据具体的沉积环境,又可以进一步划分为一些亚相。

河床亚相:包括洪水期淹没的河漫滩部分,在这个范围内,没有树木生长,发现的乌木大多从上游冲运而来。其转运远近和树种差别等因素,决定其保存状况。这种亚相的乌木枝丫大多被冲蚀殆尽,甚至树皮亦剥蚀一空。一些树干在尚保持原有软组织结构,未曾压实硬化以前,可以次生生成一种令人困惑的特殊形态。倘若其在堆积时,一面接触松软的沙层、黏土层或泥炭层,另一面接触密集的坚硬砾石层,经过后期不断加厚增厚,就将使躯体还比较松软的树身受到压力影响,造成面对松软沙层或黏土、泥炭的一面光滑,保持其原来的基本形态,另一面直接接触坚硬的砾石层,就会生成许多连续密布的凹坑,实际上是砾石的压模印痕。倘若整个树身都掩埋在砾石层内,还会生成两面均有砾石压模而印痕斑斑的情形。

岸滨亚相:产出在平时不易被河水淹没的河岸地带。其中特别是凹岸所在处,最容易受到冲刷,很容易发生崩塌,使岸边的树木倾倒没入河水中形成乌木。在这种情况下,如果树身未曾搬运,其枝丫根系可以保存完整。倘若入水后经过搬运,就会形成光溜溜的漂木,和河床亚相所见情况完全相同。

深潭亚相:大多产出在河流凹岸或其他河底生成天然凹坑的地点,以中小型河流为最常见。常常生成泥炭透镜体,众多乌木埋藏其中。除小河较静,水流沉积,可以保存完好的植物体外,往往有一些植物碎片和小段残缺树干。

泛滥平原亚相:一般指洪水泛滥时,冲倒的树木所形成的乌木。其中也分为原地掩埋和经过转运两种情况,二者形态迥然不同。在泛滥平原上,还应包括非洪水原因就地自然倾倒,以及古时河床曾经流经此处,埋藏在地下深处的古河床亚相的复杂情况。

(2) 湖泊相:一般指湖岸岸滨地带掩埋的树木。由于湖区常常有众多树木丛生,而无水流冲运,所以大多枝丫根系保存完好,形成厚层叠加的特殊富集情况。在英格兰西北部,有名的"湖区"的一些泥炭层中,还曾经发现一些远古时期的独木舟也发生炭化,形成一种特殊的乌木。笔者研究了兰开郡马丁湖底的8只类似美洲印第安人的独木舟后,认为是4000多年前古印第安人出海捕鱼时,偶尔被有名的墨西哥湾流冲带到这里的。马丁湖现名 Marton Mere,距离海滨城市 Blackpool 仅两千米左右。经过进一步研究,这个事情是真实的,笔者据此还写了一本科幻小说《美洲来的哥伦布》。埋藏在这个湖底的8只独木舟,实际上也就是乌木独木舟。

(3) 沼泽相:与湖泊相十分相似,所不同者,是这里草本植物较多,特别容易形成厚层泥炭,乌木保存良好,能够形成特别优良的富集层。

(4) 其他亚相:海滨、古冰川活动区等许多环境,也能够生成乌木。

尾声：China寻根

我们都是Chinese，怎能不知China的来历？

这本书快写完了，不知大家看了，有什么想法和意见？

一个意见肯定存在，这看来不像考古学著作呀，和同类的书相比较完全不是一个样子。

这话说得不错。在下早就说过了，对考古学本身来说，我的确是外行。一来不太懂，二来别人已经说了那么多，还在这里多说什么？要看那些内容，请另外找考古专家写的书，这里就不必再依样画葫芦了。我以为一本书应该有自己的特点，要不就是人云亦云，毫无生命力可言。我在这里仅仅是运用所掌握的专业知识，介入这个课题的研究，知道什么说什么，不知道的就不说或者少说，给古蜀文明研究注入一点新鲜空气而已。可能文中还有许多偏颇之处，希望大家不客气地指出来，我们共同讨论，把这个问题研究得更加深入透彻。

我这就说完了吗？不，还有一个至关重要的问题没有说完。猛一看，似乎这和古蜀文明没有什么关联；仔细一琢磨，却剪不断、割不开，血肉紧密相连。不在这里说清楚，这本书就谈不上最后的完满。

是什么问题如此重要？

说来也许您不信，我们祖国英文名称China的来由，就和以三星堆和金沙为代表的古蜀历史分不开。

啊，China！

啊，我们至亲至爱的国家的名字，想不到竟和古蜀文明也有关系。您想知道这是怎么一回事吗？且听我讲述吧。

形形色色的"China观"

——China是瓷器？是茶叶？还是秦始皇？

我们都是Chinese，我们的祖国是China。

那China到底是什么意思？有各种各样的说法。

最流行的说法，认为和"秦"有关。秦始皇统一六国，威名远扬，所以外人就称中国为"秦"。"China"中的"Chin"，就是"秦"的对音。

另外一种流行说法，以为这个词出自"瓷器"。中国瓷器四海扬名，英语中干脆将中国称为China。北宋真宗以前，中国瓷都景德镇位于昌江以南，曾经叫作昌南，发音就和China十分相近，可以作为一个证据。最早把China这个名字介绍给欧洲的是马可·波罗，联系当时中国瓷器的繁盛，这种说法一点也不奇怪。

除了上述两种最流行的说法，还有许多形形色色的解释。有人以为China源于"茶叶"，"Chi"，就是"茶"的转音。中国是茶叶发源的地方，在外国人眼睛里，就顺理成章叫作China了。还有人认为"Chi"是"荆"，China就是古时南方大国荆楚。China这个词最早见于古印度，而古印度和当时楚国距离很近，这个词必定和当时强大的楚国有关。

在一片闹嚷嚷的声音里，几个有名的大和尚也参加进来，各自发表了自己的高见。

一般人眼里，和尚的任务就是念经，有什么资格混在这里面说三道四？

请别小看了和尚。这里说的是大和尚，不是小和尚。和尚念的佛经是从印度传来的，那里正是China这个名词起源的地方，一些佛经里也提到China的名字。精通佛经的大和尚自然有发言权。说起来，比当时一些从未"涉外"的儒生还更加具有说话的资格。

第一个大和尚是《西游记》中大名鼎鼎的"唐僧"的原型——玄奘。众所周知，他曾经遍游印度全境，在那里生活了19年，自然是不可多得的"印度通"。他说一句话，自然具有很大的权威性。对于他的意见，以及由此而衍生的有关问题，必须在这里多说几句。

据《大慈恩寺三藏法师传》记载，玄奘认为China一词并不神秘，就是"礼仪之邦"的意思。这话可以从他在《大唐西域记》里的记述得到印证，也应该是他在印度访问期间，所得到的印度人对中国的基本看法。

请看《大唐西域记》卷五"羯若鞠阇国"条中，玄奘记述的他和中印度有名的戒日王的一段对话。"王曰：'大唐国在何方？经途所亘，去斯远近？'对曰：'当此东北数万余里，印度所谓摩诃至那国是也。'王曰：'尝闻摩诃至那国有秦王天子，少而灵鉴，长而神武。昔先代丧乱，率土分崩，兵戈竞起，群生荼毒，而秦王天子早怀远略，兴大慈悲，拯济含识，平定海内，风教遐被，德泽远洽，殊方异域，慕化称臣，民庶荷其亭育，咸歌《秦王破阵乐》。闻其雅颂，于兹久矣。盛德之誉，诚有之乎？大唐国者，岂此是耶？'对曰：'然，至那者，前王之国号；大唐者，我君之国称。昔未袭位，谓之秦王，今已承统，称曰天子。前代运终，群生无主，兵戈乱起，残害生灵。秦王天纵含弘，心发慈愍，威风鼓扇，群凶殄灭，八方静谧，万国朝贡，爱育四生，敬崇三宝，薄赋敛，省刑罚，而国用有余，民俗无夭，风猷大化，难以备举。'戒日王曰：

'盛矣哉，彼土群生，福感圣主！'"

注意，这里说的秦王不是秦始皇，而是未登基前的唐太宗李世民。

请再看《大唐西域记》卷十"伽摩缕波国"一条，玄奘会见东印度该国的拘摩罗王一段对话。"拘摩罗王曰：'善哉！慕法好学，顾身若浮，踰越重险，远游异域。斯则王化所由，国风尚学。今印度诸国多有歌颂摩诃至那国《秦王破阵乐》者，闻之久矣，岂大德之乡国耶？'曰：'然。此歌者，美我君之德也。'拘摩罗王曰：'不意大德是此国人。常慕风化，东望已久，山川道阻，无由自致。'"

从这两段话可以清楚看出，从印度的心脏中印度恒河流域，到接近缅甸的边远的东印度，无论是戒日王，还是拘摩罗王，对中国无限神往和崇敬的心情都溢于言表。玄奘没有说错，在印度人的心目中，中国自然就是"礼仪之邦"。"摩诃"是"伟大"之意，"摩诃至那"就是"伟大的中国"的意思，这样的称呼是再友好尊敬不过了。

在佛经里，把中国常常称呼为"支那""脂那""至那"，也就是China。

我们在前面介绍了玄奘的看法。除了这位响当当的佛学大师，另外还有两个大和尚也对China这个名词的含义发表过意见。

一个是唐代高僧义净。《辞源》引用他的话说，这是西土对中国的随便称呼，没有什么特殊含义。

一个是南宋高僧法云。他在《翻译名义集》中说，China就是"文物国"，乃是赞美此方是衣冠文物之地的意思。

China还有什么含义？还有其他各种各样的解释。有人说，这是蒙古语"狼"的意思。姑且不论这个说法对不对，就算是蒙古高原上的狼，又和古印度有什么关系？怎么会沿着南方丝绸之路传递到印度？说到底，China这个名词起源于古印度，和南方丝绸之路息息相关，其最早出现的时代是在近三千年前，有关这个问题在后面再仔细阐述。对China这个名词，不管什么解释，不能离开这三个基本点，这是不可动摇的原则。

日本人口中的"支那"

——日本人到底从何处来？
——"支那"，曾经是极其崇高的名字。

关于"支那"这个名词，涉及近代日本人对中国的称呼，以及由此而引起的其他心理上的问题。所以我们不喜欢这个称呼，认为是带有侮辱含义的贬义词。

其实，最初并不是这个样子。与此相反，它是一个非常伟大崇高的褒义词。

这话要从日本民族的来历说起。

日本人到底从何处来？

日本著名历史学家三上次男在《大陆文化之路》中说："翻开亚洲地图，看靠近太平洋的部分。朝鲜半岛好像垂挂在作为母亲的亚洲大陆胸部的一个乳房。从那乳房中一点一滴流下来的母乳，就是对马岛和壹岐岛。而日本列岛则正是那位母亲所怀抱的一个婴儿。"

另一个日本历史学家伊藤道治在《被唤醒了的古代》中说："中日两国之间的关系，说它是片面地从中国方面的作用，毋宁说是占着大势。包括朝鲜在内，说它们的文化是属于中国文化圈，也是无有不可的。"

东京大学江上波夫提出"骑马民族征服论"，认为在中国的十六国时期和东北亚的高句丽、百济并存的时代,曾经有大陆北方的骑马民族两次进入日本,征服了当地的原住民,先后建立了崇神王朝(公元前97—公元前30年)和应神王朝(270—310年)。

日本人自己承认,本土居民只有北海道文化落后的虾夷,其他日本人绝大多数都是四面八方漂流来的"渡来人",其主体部分就是中国内地的移民。

难怪古书记载"倭人自称吴太伯之后",或者"夏后太康之后"了。"吴太伯"在中国南方的长江流域,"夏后太康"在中国北方的黄河流域,包括中国南方和北方人。除了人们熟悉的秦始皇派徐福出海,经过朝鲜半岛,辗转到日本外,中国在夏、商和汉朝灭亡后,以及十六国中原混乱时期,都曾经有大批移民逃亡日本。今天的日本人到底是谁的子孙,岂不一清二楚?

日本最古老的祖宗是神武天皇,有日本学者甚至说,他就是徐福的化身。日本神话中,有一个"天孙降临"的故事。据说日本人的始祖是受天照大神之命,从高天原而来的。说白了,他也是一个外来户。神秘的"高天原"在什么地方?总不会是在日本列岛本土吧。日本四周大海茫茫,只有地势高耸的中国大陆和朝鲜半岛,才符合"高天原"的条件。按照日本神话解释,这个被奉为日本民族"始祖"的"天孙",就是从外部世界飘然降临的。这是日本人自己嘴里说的,可不是别人不怀好意胡编乱造的故事。

日本的成长是离不了中国的。古代日本毕恭毕敬地以中国为师,到了中国的隋唐时代,达到如痴如狂的地步。一批批遣隋使和遣唐使,好像朝圣似的,源源不断地渡过大海来到中国。其中仅仅在唐朝,从唐太宗贞观四年(630年)开始,到唐昭宗乾宁元年(894年)为止,日本派出的遣唐使团就有19次。

这不仅是简单的留学生团体,而且是精心安排的政府代表团,被日本朝廷当成一件大事来看。每次都选派精通中国事务、博学多才的高级官员充当大使和副使,还配备了判官、录事、翻译等工作人员。来学习的人员包括医生、药师、画师、乐师、建筑师、和尚，以及天文、地理、历史、文学、篆刻等方面的专业人员，冶炼、铸造、玉雕、木工等各行各业的工匠，甚至还有阴阳师。人数最多的遣唐使团，有五六百人。请问，这样的代表团规模大不大？当时的日本贪婪地吸取着中国的乳汁，全方位学习先进的中国文化，恨不得一夜之间，就把中国老师所有的一切统统学会，变成自己的东西。

从这些遣唐使团的配备情况，就可以看出那时候日本为了尽快发展，多么虔诚和迫切的心情。为了迅速达到目的，干脆采取了最简单的"拿来主义"，不管能不能消化，把中国的东西统统照搬回去。

日本的政治制度是模仿大唐帝国的。在天皇之下，设置二官、八省、一台，职能和大唐帝国的三省、六部、一台几乎相同。只不过为了适应日本的实际情况，略微调整了一下而已。

日本的土地制度班田制，也是大唐帝国均田制的翻版。

日本的法律是根据《唐律》内容制定的《大宝律令》。

日本的教育、医学、税务，也完全模仿大唐帝国的办法来设置。

日本文字也是用汉字为基础创造出来的。日本和尚空海和一个日本留学生，根据汉字楷书的偏旁造出了"片假名"，用汉字草书造出了"平假名"，加上一些完全照搬的汉字，创造了日本文字。

甚至日本人的生活，从衣服、发型、农具、货币，以及喝茶、下围棋的习惯，统统都是完全克隆的"中国版"。学习心切的日本大大前进了一步。

日本"拿来主义"的一个最集中的典型代表是它当时的首都平安京（今天的奈良），它就是一个彻头彻尾的"小长安"，四四方方的城市和大唐帝国的长安一模一样。它完全按照当时长安划分街区的办法，把整个城市划成许多"坊"。这种街区划分方法，一直保留到今天也没有改变。学得更加彻底的是，把长安的街道名称也搬过来。最主要的是朱雀大街，还有东市和西市。走在这些街道上，仿佛进入了大唐帝国的京城长安。

请看当时一首日本诗吧,诗中写道:"儿童谙汉语,舟楫杂吴舲。"

你看,日本孩子懂得中国话,港口里停泊着中国船,这都是当时的日本值得骄傲的事情。从这首诗里就可以看出来,当时的日本对学习中国是什么心态,中国古代文明对日本的影响有多么深。说日本把中国当成"文化母国",难道不对吗?

这样的历史背景表明,"支那"这个名字从前在日本人口中,是极其崇高的名字。

在日本人嘴巴里,"支那"这个称呼变味,是因为后来丰臣秀吉制定的第一步吞并朝鲜半岛,第二步吞并中国的满蒙,第三步吞并整个中国,最后称霸世界的"北进三部曲"的"基本国策"。

那是日俄战争中的旅顺大屠杀,后来的南京大屠杀,以及其他说不完的悲惨故事以后,才发生质的变化。他们忘记了中国的恩情,忘记了日本民族是中国奶水哺育成长的。

呸,忘恩负义的家伙!

当然,也有拖辫子的清王朝自己不争气的原因。

奋起的中国,快快更加强大起来吧!"支那",还会恢复往昔的伟大崇高。

因为,我们本来就是一个伟大崇高的民族。

【China一词的由来和探讨

——哇,这个名字竟来自古印度!
——哇,这个名字竟出自3000年前!
——哇,那时候哪有秦始皇!

讨论一个名词不可随心所欲牵强附会,必须追本溯源,才能得到合理的解释。

China这个名词最早是印度对中国的称呼,已经没有问题了。在古印度文献中,China又曾经写作Cina。产生差别的原因是印度是多民族的国家,不同民族的读音自然有很大的差别,这一点也不奇怪。

China和Cina最早见于古印度的一些典籍,依次排列如下:《摩诃婆罗多》《风神往事书》《梵卵往事书》《摩奴法典》《鱼往事书》《罗摩衍那》等。试问,这些古籍流行之时都在公元前的几个世纪,哪有什么秦始皇、瓷器、茶叶和北宋的昌南镇?时间说明了一切,必须从更加古老的地方寻求解释。

由China这个称呼最早见于古印度古籍,可见其应该是顺着南方丝绸之路流传出去的。退一万步讲,即使在秦始皇时期,大秦王朝的名声也未必能够经由这条道路,震动南亚次大陆。

说来道理非常简单,因为由印度进入中国境内,首先到达的是南方的滇国。这是楚将庄蹻率领一支远征军从夜郎进入此地后,由于强秦从后面攻灭了楚国,无法返回故土,只好在这里建立的一个国家。试想,如果有印度人来到此地打听,他们可能自称秦人,为不共戴天的敌人张目吗?

其实,秦始皇的暴力统治并没有维持多久,他统一天下后开创的王朝只有短短的15年。在这15年间,四方的六国遗民并未心服。秦亡后,出现了更加强大的汉王朝,谁还会自称为秦人,为那个暴君歌功颂德呢?认为昙花一现的秦王朝有那样大的海外影响,恐怕是过高估计了吧?

有人辩解说,秦的历史悠久,可以上溯至公元前897年。其历代先王在西边一些少数民族中也有一定的影响,怎么不能扬名海外到达印度?

说起这样的话,就未免有些强词夺理了。请问,当时众国林立,秦的先王有什么特别出众的地方,足以影响到印度?

研究古印度对中国的称呼,最好再倾听一下印度学者的意见。印度Haraprasad Ray教授明确指出,所谓China来源于"秦"的说法,印度学术界大多数人并不接受。这岂不是对这个问题的最好回答吗?China一词首先从南方丝绸之路传出。秦地处西北,中间关山重叠。它的所谓历代先王的影响,怎么能够越过秦岭、大巴山的天然阻隔,经过滇蜀传进印度?

"丝国"赛里斯

——遥远的东方有一个古国,她的名字叫"丝绸之国"。
——遥远的东方有一个古国,她的名字叫"赛里斯"。

China到底是什么意思?古希腊的一段记述,透露了一个非常重要的信息。

古希腊和古罗马称中国为赛里斯(Serice或Seres)。据亨利·裕尔《古代中国闻见录》的记载,一位名叫包撒尼雅斯的古希腊学者叙述到:"赛里斯人所用织绸缎之丝,则非来自植物,另有他法制之也。其法如下:其国有虫,希腊人称之为赛儿(Ser)。赛里斯人不称之为赛儿,而别有他名以名之也。虫之大,约两倍于甲虫。他种性质,皆与树下结网蜘蛛相似……赛里斯人冬夏两季,各建专舍以畜养之。虫吐之物,类于细丝。"

请看,这岂不是一幅活生生的养蚕图吗?

古代西方对中国盛产蚕丝的记载不胜枚举。另一个古希腊人科斯麻士在《世界基督教诸国风土记》中,更加明确地指出,Tzintza(中国)就是"产丝国",有海陆两条路,经过今天的印度和缅甸可以到达。他解释说,这两个词的词根是ser,是一种可以吐丝的虫子,也就是蚕。Serice之意和蚕吐丝有关。

说到这里,人们会问,Serice和China是一回事吗?笔者以为这是同一个名词，在不同地方有不同读音的变化。这在下文，还会有详细的阐述。

　　Serice和Seres的词根是ser，和汉语"丝"的发音何其相似。今天英语中的silk，也保留着si词根。赛里斯就是"丝国"，乃是不争的事实。

China，Cina，Serice的音变

——China和Sino，原来是一回事。

话说到这里，又引出一个新问题。就算Serice是"丝国"，和China（Cina）又有什么关系？

笔者以为这是同一个名词，在不同地方有不同读音的变化。为了说明这个问题，让我们再回到古印度对中国的称呼，寻找解题的钥匙吧。

古印度是一个多民族和多部落的国家，不同民族或者同一个民族在不同地域的部落，读音有所不同是可以理解的。以现代中国来看，同是汉族，一个北京人和广东人对话，发音就有天大的差别。古印度把中国称为China或Cina，还有的古籍上写为Chinsthana，就完全可以理解了。事实上，在一些古印度典籍里，原先把中国叫作Cina，后来又改为China。China和Cina混合称呼，表明二者完全是同一个对象。

后来China按照原形保留下来，Cina演变为Sino。而China和Sino在今天的英语中都是表示中国，这是很多学英语的人都知道的。

这两个读法，从印度继续向西流传，发音更加五花八门。

China这个读音传出去，至古波斯称为Chinistan，古叙利亚称为

Tzinisthan，古希腊有的地方称为Tzinitza和Tzinista，还有thin的发音。它们的词根分别是chi、tzi和thi，都来源于China的chi。

Cina传出去，古阿拉伯称为Sin和Cyn，古以色列称为Sininm，古希腊和古罗马演变为Serice和Seres。它们的词根分别是si、cy和ser，都来源于Cina的ci。

这一大堆使人眼花缭乱的读法中，最根本的词根是chi和ci（si）。前面已经说过了，它们本来就是一回事。仔细研究这个问题，Cina比China更加原始，解答这个问题，自必应该首先着眼于前者。

为了说明这两种读音同是一个源流，再举一个例子来说清楚。

古希腊地理学家托勒密在其著名的《地理学》中记述，在Serice南面有一个Sinae国。另一个佚名的古希腊学者在《爱利脱利亚海周游记》中，把Sinae拼写为Thinae。由此可见，si和起源于chi的thi只不过是音变而已，二者完全是一回事。China就是Cina，也就是Serice。古代外国人把中国视为"丝国"这个提法，岂不是非常明白的事情吗？

得啦，别越说越远了。其实包括南亚、西亚、北非、高加索、欧洲的古代西方对中国的称呼，统统都是"支那"。英文是China，法文是Chine，意大利文是Cina。还有其他形形色色的西方语言，都脱离不了这个基本词根，统统来源于拉丁文的Sina，平常用复数，写作Sinae，最初为Thin。chi、thi、tzi和sin、ci、si、cyn，统统都是一码事。眼花缭乱的写法不过是不同民族的不同拼写而已。

赛里斯之路

——一条"南方丝路",通向遥远的China。

去"丝国"赛里斯之路,就是"南方丝路"。

早在公元前4世纪,一位古印度学者考第亚就在著名典籍《政事论》中,清楚地出了"Cina产丝与纽带,贾人常贩至印度"。诗人迦梨婆娑在史诗《鸠摩罗出世》中,提到印度皇家旗帜用的都是中国丝绸。由此可见,当时中国丝绸在印度已经非常普及。据日本学者藤田丰八考证,早在公元前11世纪,中印之间就有这种通过南方道路往来的关系。大量古印度材料证实,当时的中国丝绸就是通过西南边境运到印度,所经道路就是历史远比"北方丝路"悠久得多的"南方丝路"。这样的古印度资料很多,几乎无法一一枚举。而三星堆遗址的大量贝币中,也含有一些来自印度洋的贝壳。种种材料都充分表明,当时这条从古蜀国到印度的商路十分发达。寻找这个产丝的国度,必须沿着"南方丝路"寻找到头才切合实际。

除了这条陆路,还有一条海路。

希腊人科斯麻士描述"产丝国"的方位和路线是说:"当进入印度洋时,其国在吾人之左手方面。"又说明了具体路线"由波斯湾至塔勃罗贝恩。更由塔勃罗贝恩转航向左,以往Tzinitza之地,海程甚远也"。

塔勒罗贝恩就是今天的斯里兰卡。从这里转舵向左，岂不是经过缅甸到中国吗？

前面说过的《爱利脱利亚海周游记》接着解释："过克利斯国，抵Thinae后，海乃止。有大城曰Thinae，在其国内部，远处北方。由此城生丝、丝线及丝所织成之绸缎，经陆路过拔克脱利亚，而至巴利格柴。另一方面又由恒河水道而至李米里斯。往Thinae不易，由其国来者亦极少也。"

克利斯国是现在缅甸首都附近的海港勃固。由此沿着伊洛瓦底江向北，就可以进入现在中国西南边陲的Thinae境内。

值得注意的是，根据托勒密的《地理学》，从这里进入的中国境内，当时还有南北两个国家，不可混为一谈。

南边的是Thinae，也就是Sinae。托勒密记述它"北界Serice东鄙，东及南皆界无名地。其西界印度恒河边地、大海曲、Theriodes湾及Sinae湾。Sinae湾畔有黑人，专食鱼……"

大海曲就是今天的孟加拉湾，另外两个海湾也应该距离不远。这个Thinae国，很可能包括古滇国和东南亚一大片地方，是由西方到产丝国的必经之路。

Thinae北边的Serice，其产丝中心和首都叫作Sera，意思就是"丝城"。

China ＝"丝国"＝三星堆＋金沙

——哇，想不到至亲至爱的China，就是"锦城"成都呀！
——三星堆欢迎您，来东方拜访真正China的客人！
——金沙欢迎您，来到这儿寻根的同胞们！

远古时候中国没有统一，大小邦国林立，并非大一统局面。当时西方人所说的China，当然不会是现在的中国全境，而是指某一个具体的地区。当时的"丝国"，也就是狭义的China何在？就是我们最后需要讨论的问题，这也应该从印度古籍中寻找答案。

产丝的Serice国有什么特点？托勒密描述它说"其四周有山绕之……境内有二大川，几贯流全境"，都发源于附近的山区。

另一个古希腊人马赛里奴斯描写得更加详细，介绍"Serice国，四周有高山环绕，连续不绝，成天然屏障，Serice人安居其中。地皆平衍，广大富饶……其中平原，有两大河贯流之。河流平易，势不湍急，弯折甚多。Serice人平和度日，不持兵器，永无战争。性情安静沉默，不扰邻国。气候温和，空气清洁，适合卫生。天空不常见云，无烈风。森林甚多，人行其中，仰不见天……"

请看，这是什么地方？

这里绝对不是关中长安，也不是中原的任何地方。仔细研究对比，这里简直就是当时位居成都平原上的古蜀国的生动描述。古蜀国正有群山环绕的成都平原，贯穿全境的岷江和沱江，以及当时密布的森林。根据笔者研究，距今约4500至2500年的江北期，世界通称为亚北方期，以全球性干燥为普遍特征。四川境内完全没有后来的"蜀犬吠日"的阴云密布的状况。从三星堆遗址出土文物可见，作为礼器的玉戈远远多于青铜戈，反映了当时几乎没有战争，呈现出一派"化干戈为玉帛"的和平景象。古人的描述完全正确。

推理到这里，我们已经完全可以认为位于"南方丝路"起点的古蜀国，就是古代印度和当时其他西方各国所认为的"丝国"China了。

最后，让我们从甲骨文中书写的"蜀"字分析，更加可以判定这个问题。

三星堆博物馆展示了一系列甲骨文的"蜀"字，千变万化都离不开一只巨大的眼睛，下面拖着一条弯弯曲曲的蚕。演变到现在，"蜀"字也是一个大眼睛带着一条弯曲的蚕。为了使人注意，再注明是一条"虫"。"蜀"字就是由这几个部分组合起来的，岂不正好说明这是一个"纵目人养蚕产丝的国度"吗？所谓"纵目人"就是古蜀始祖蚕丛时期的人，居住在岷江上游，早就开始养蚕了。值得注意的是，古希腊人对Serice的解释，恰巧和其有异曲同工之妙。古希腊的见解是否来源于古蜀国，二者早有联系，真值得我们深思。

从以上分析可见，古希腊人对Serice的解释，联系甲骨文的图形作为参考，西土早已将China当作"丝国"，应该视为以三星堆和成都金沙遗址等为代表的古蜀国。喂，Chinese，请到这里来寻根！外国朋友要看最早的China，请到三星堆和金沙遗址来！

古蜀国，古成都，三星堆和金沙遗址，才是真正狭义的China。

最后我还要说一句，当时规划金沙遗址建设的时候，我曾经建议在园区内竖立一个指路牌。钉上一个个箭头，指着"南方丝路"沿线，古代印度、缅甸等许多重要地点的距离。向全世界庄严宣告，这里就是古老的"南方丝路"的起点，也是最早被认为是China的地方。

中国人，你要寻根，请到这里来吧！

外国朋友，你想认识最早的China吗？也请到这里来吧！

不到三星堆和金沙，等于没有到最古老的China。要认识China，就要到三星堆和金沙，特别是其中气候温暖潮湿、四鸟绕日飞翔的金色太阳照耀下的古金沙。

可惜我的这个意见没有被采纳，实在太遗憾了。不过"南方丝路起点"的石碑终于建立起来，总算得到莫大的安慰。

啊，"南方丝路"，这个最早沟通东西文明的纽带！

啊，古老的China，这个值得骄傲的光辉名字！

我们成都不念这本经，谁来念这本经？

成都人，为"南方丝路"的起点雄起！

成都人，为原汁原味的，最古老的China雄起！

亲爱的朋友们，我这个小小的建议，您赞成吗？